812

PABLO NERUDA

FIFTY ODES

717

PABLO NERUDA

FIFTY ODES

Translated by
George D. Schade

To my family: Philip, Christopher,
and especially, Matilde

Layout and design: Joe Bratcher

Cover design by Matilde Schade: photograph taken by her of door to
Neruda's house "La Chascona" in Santiago (now la Fundación Pablo
Neruda)

Library of Congress Catalog Number:96-079623
ISBN: 0-924047-13-5 (hardcover)
ISBN: 0-924047-14-3 (paperback)

CONTENTS

* Roman numeral indicates from which of the four original volumes each ode comes.

FLOWERS AND FRUITS

WORDS AND NUMBERS

INTANGIBLES

OTHER THINGS

EPILOGUE

INTRODUCTION

The Chilean Pablo Neruda (1904-1973) is one of the most important poets of the twentieth century. A prolific writer, he published an astonishing fifty books in a span of fifty years. Among the most widely admired of these are his four volumes of odes, which came tumbling off the press during the 1950's: *Odas elementales* (1954), *Nuevas odas elementales* (1956), *El tercer libro de odas* (1957) and *Navegaciones y regresos* (1959). This last book, *Voyages and Homecomings* , consists of a mixture of mainly odes but also some other short poems. Like the three earlier volumes, it brims over with an exuberant vitality, expressing the pleasure Neruda experienced in ordinary everyday things. All four books exude with the happiness of his love for Matilde Urrutia, his last wife.

In his *Memoirs* Neruda talks briefly about many of his books of poetry. Of great interest is what he has to say about the odes in a few short paragraphs. Let me cite the beginning of this meaningful declaration, "I proposed to myself a foundation for the odes going back to origins, from birth on. I wanted to rediscover many things already sung about, told and retold. My deliberate point of departure was to be like the child's, undertaking, while chewing on his pencil, the obligatory composition assigned on the sun, the blackboard, the clock or the human family. No theme would be beyond my orbit; I could touch everything, walking or flying, expressing myself with the utmost clarity and freshness."

In the odes Neruda focuses on a single thing, whether it be fish or fowl, vegetable or fruit, animal, a spoon, or a red truck with barrels. Then he digs into its origins, its purpose, and magic existence. A splendid example is "Ode to the Onion" where this humble vegetable becomes transformed through images of shape, light and color into the stuff of planets and stars. The reader, wondering what Neruda can possibly do with such an object, finds himself on the one hand submerged in a new dimension of everyday existence, and on the other, tempted by the poet to rise and read the ode aloud, following the crescendo rhythms of his poetry. The verb to sing (*cantar*) and the noun sing (*canto*) recur often throughout the collections, reminding us of the classic Greek model from which these elemental odes came. The reader will also frequently come across the verb to recount (*contar*), for Neruda likes to tell us the story of a little thing which has become sublime. Whether he focuses on an abstract idea or concrete things doesn't matter; Neruda is an engaging and jolly companion throughout the odes. We share his joy in simple things, in simply living. His appetite for life seems insatiable, and the reader savors that too.

The firm command of language Neruda displays elsewhere in his work is evident here in his elemental odes. He knows his trade well and his tools are honed fine. And while life courses through the odes, the reader happily participates in the discovery of the wondrous world Neruda reveals to us on multiple and diverse levels. In the end, Neruda has made us his accomplices in his effort to probe the interdependence between man and things, extracting its essence.

*   *   *

While working on this book of translations, I have tried to be faithful to the Spanish originals. I have also endeavored to preserve the odes' atmosphere, jovial, yet curious, and to maintain the tone, which swings back and forth between the conversational and the imaginative. I have sought too to convey the naturalness of these odes — perhaps their most stunning characteristic, evoked by Neruda when he referred in his memoirs to the schoolboy chomping pensively on his pencil and writing the composition onwhatever subject assigned by his teacher. Sound, as well as visual effects, abound in the odes, especially alliteration. Though difficult, I have tried to capture this alliterative quality whenever possible, as in the "Ode to Seaweed," where by repeating the rolling "r" sounds, we get a feeling for the surflike rhythm, or the use Neruda makes at times of onomatopoeia, as in "Ode to the Trains of the South," where one can almost hear the click/clack of the train wheels on the rails. Thus, throughout this book I have attempted to render the sense, tone and rhythm of these poems, and whenever I could, the sound.

Finally, a note may be in order to explain the arrangement of the contents in this book. Since the fifty odes I have chosen represent a cross section from all four volumes and these are rather indistinguishable one from another, except for the last, which includes some non-odes, I decided to group the poems together by subject. It seemed fitting to put prologues first, an epilogue at the end, and in between, odes to various things, large and small, to animals, birds and fish, to fruits, vegetables and trees, to miscellaneous things, finally, abstractions. Among the animals, I took the liberty of including "The Turtle," which qualifies as an ode, even though it appears in another book, *The Stones of Chile* (1961), published just two years after *Voyages and Homecomings*.

Some of these translations have appeared previously

in earlier versions, particularly in fragmentary form in two articles on Neruda's odes published in the 1980's, one in a Festschrift volume in 1982, the other in the journal *Symposium* in 1984. In 1989 "Ode to a Dog" and "Ode to the Dictionary" appeared in the literary review *The Dirty Goat*. In all of these cases, nonetheless, I have gone over them carefully, making changes and trying to give the English reader the closest version possible to the original.

I am especially grateful to Marcela Elgueta de Figueroa of the Fundación Pablo Neruda in Santiago, whose support helped make possible the publication of this book.

— George D. Schade
Austin, Texas 1996

PROLOGUES

LA CASA DE LAS ODAS

Escribiendo
estas
odas
en este
año mil
novecientos
cincuenta y cinco,
desplegando y tañendo
mi lira obligatoria y rumorosa
sé lo que soy
y adonde va mi canto.

Comprendo
que el comprador de mitos
y misterios
entre
en mi casa de odas,
hecha
con adobe y madera,
y odie
los utensilios,
los retratos
de padre y madre y patria
en las paredes,
la sencillez
del pan
y del salero.
Pero es así la casa de mis odas.

Yo destroné la negra monarquía,
la cabellera inútil de los sueños,
pisé la cola

THE HOUSE OF ODES

Writing
these
odes
in this
year nineteen
hundred and fifty-five,
taking out and tuning
my indispensable, murmuring lyre,
I know who I am
and where my song is going.

I understand
that the buyer of myths
and mysteries
may enter
the house of my odes,
made of wood and adobe,
and hate
the utensils,
the portraits of father and mother and country
on the walls,
the simplicity
of bread
and salt shaker.
But that's the way my house of odes is.

I deposed the dark monarchy,
the useless streaming hair of dreams,
I trampled on the tail

del reptil mental,
y dispuse las cosas
—agua y fuego—
de acuerdo con el hombre y con la tierra.
Quiero que todo
tenga
empuñadura,
que todo sea
taza o herramienta.
Quiero que por la puerta de mis odas
entre la gente a la ferretería.

Yo trabajo
cortando
tablas frescas,
acumulando miel
en las barricas,
disponiendo
herraduras, arneses,
tenedores:
que entre aquí todo el mundo,
que pregunte,
que pida lo que quiera.

Yo soy del Sur, chileno,
navegante
que volvió
de los mares.

No me quedé en las islas,
coronado.

No me quedé sentado
en ningún sueño.

of reptilian minds,
and arranged things,
—fire and water—
in accord with man and earth.
I want everything
to have
a handle,
that all be
a cup or tool,
I want people to enter the hardware store
through the doorway of my odes.

I work
cutting
fresh-hewn boards,
collecting honey
in barrels,
arranging
horseshoes, harnesses,
forks:
let everyone in here,
let them question,
and ask for whatever they like.

I'm from the South, a Chilean,
a sailor
returned
from the seas.

I didn't stay crowned
in the islands.

I didn't sit mooning
in a world of dreams.

Regresé a trabajar sencillamente
con todos los demás
y para todos.

Para que todos vivan
en ella
hago mi casa
con odas
transparentes.

I simply came back to work
with all the rest
and for everyone.

So everyone may live
here,
I build my house
with transparent
odes.

ODAS DE TODO EL MUNDO

Odas para el que pase
galopando
bajo ramas mojadas
en invierno.

Odas
de todos
los colores y tamaños,
seráficas, azules
o violentas,
para comer,
para bailar,
para seguir las huellas en la arena,

para ser y no ser.

Yo vendo odas
delgadas
en ovillo,
como alambre,
otras como cucharas,
vendo
algunas selváticas,
corren con pies de puma:
se deben manejar
con precaución, con rejas:
salieron
de los antiguos bosques,
tienen hambre.

También escribo
para costureras

ODES ABOUT EVERYTHING

Odes for the rider passing by
galloping
under dripping branches
in wintertime.

Odes
of all
hues and sizes,
seraphic, blue
or violent,
to eat,
to dance,
to follow footprints in the sand.

to be and not to be.

I sell spare
odes rolled tight
in a ball,
like wire,
others like spoons,
I sell
jungle odes
running on puma paws:
handle them
with care, behind bars:
they come
from ancient forests,
and they're hungry.

I also write
for seamstresses

Pablo Neruda

odas
de inclinación doliente,
cubiertas por
el
aroma
enterrado
de las lilas.

Otras
tienen
silvestres minerales,
durezas de los montes
de mi patria,
o simplemente
amor ultramarino.

En fin,
decidirán ustedes
lo que llevan:
tomates
o venados
o cemento,
oscuras alegrías infundadas,
trenes
que
silban
solos
transmigrando
por regiones
con frío y aguacero.

De todo
un poco
tengo para todos.

odes of a mournful kind,
smothered in
the
buried
smell
of lilacs.

Others
have
raw minerals,
the hardness of my country's
mountains,
or simply
a love for foreign things.

In short,
you'll decide
just what's in them:
tomatoes
or deer
or cement,
dark unfounded joys,
trains
that
whistle
alone
crossing through
chill, rain-drenched
regions.

A bit
of everything
I have for all.

Yo sé
que hay otras
y otras
cosas
rondando alrededor
de la noche o debajo
de los muebles o dentro
del corazón
perdido.

Sí,
pero
tengo tiempo,
tengo aún mucho tiempo
—tengo una caracola
que recoge
la tenaz melodía
del secreto
y la guarda
en su caja
convertida en martillo o mariposa—,

tiempo

para
mirar
piedras sombrías

o recoger
aún
agua olvidada

y para darte
a ti

I know
there are others,
other
things
prowling around
at night or under
the furniture or deep in
the lost
heart.

Yes,
but
I have time,
I still have lots of time—
I have a seashell
that catches
the secret's
persistent melody,
guarding it
in its chamber,
transformed into a hammer or butterfly—

time

to
look at
somber stones

or gather
still
forgotten water

and to give
to you

o a quien lo quiera
la primavera larga de mi lira.

Así, pues,
en tus manos
deposito
este atado
de flores y herraduras

y adiós,

hasta más tarde:

hasta más pronto:

hasta que todo
sea
y sea canto.

or to anyone who wishes
the long springtime of my lyre.

So, then,
in your hands
I deposit
this bundle
of flowers and horseshoes

and say good-bye,

until later on:

or sooner:

until everything
becomes,
becomes song.

A MIS OBLIGACIONES

Cumpliendo con mi oficio
piedra con piedra, pluma a pluma,
pasa el invierno y deja
sitios abandonados,
habitaciones muertas:
yo trabajo y trabajo,
debo substituir
tantos olvidos,
llenar de pan las tinieblas,
fundar otra vez la esperanza.

No es para mí sino el polvo,
la lluvia cruel de la estación,
no me reservo nada
sino todo el espacio
y allí trabajar, trabajar,
manifestar la primavera.

A todos tengo que dar algo
cada semana y cada día,
un regalo de color azul,
un pétalo frío del bosque,
y ya de mañana estoy vivo
mientras los otros se sumergen
en la pereza, en el amor,
yo estoy limpiando mi campana,
mi corazón, mis herramientas.

Tengo rocío para todos.

TO MY OBLIGATIONS

Performing my job,
stone by stone, from pen to pen,
winter passes and leaves
abandoned lots,
dead dwellings:
I work and work,
must substitute for
so many forgotten things,
fill in the shadows with bread,
establish hope again.

But all I have is dust,
the cruel season's rain,
I keep nothing for myself
except all the space,
and there work and work,
to show the arrival of spring.

I must give something to everyone
each day and every week,
a blue colored present,
a cold petal from the forest,
and in the morning I'm up and alive
while others lie submerged
in laziness, in love,
I'm cleaning my bell,
my heart, my tools.

I have dew for everyone.

THINGS

ODA A LAS COSAS

Amo las cosas loca
locamente.
Me gustan las tenazas,
las tijeras,
adoro
las tazas,
las argollas,
las soperas,
sin hablar, por supuesto,
del sombrero.

Amo
todas las cosas,
no sólo
las supremas,
sino
las
infinita
mente
chicas,
el dedal,
las espuelas,
los platos,
los floreros.

Ay, alma mía,
hermoso
es el planeta,
lleno
de pipas
por la mano
conducidas
en el humo,

ODE TO THINGS

I love things madly,
madly.
I like pincers,
scissors,
I adore
cups,
iron rings,
soup tureens,
without mentioning, of course,
hats.

I love
all things,
not only
the supreme,
but
the infinite-
ly
small,
the thimble,
spurs,
plates,
flower vases.

For heaven's sake,
the planet
is beautiful,
filled
with smoking
pipes
cupped
in the hand,

de llaves,
de saleros,
en fin,
todo
lo que se hizo
por la mano del hombre, toda cosa
las curvas del zapato,
el tejido,
el nuevo nacimiento
del oro
sin la sangre,
los anteojos,
los clavos,
las escobas,
los relojes, las brújulas
las monedas, la suave
suavidad de las sillas.

Ay cuántas
cosas
puras
ha construído
el hombre,
de lana,
de madera,
de cristal,
de cordeles,
mesas
maravillosas,
navíos, escaleras.

Amo
todas
las cosas,

Things

with keys,
salt cellars,
in short,
everything
handmade
by man, all things,
the curve of the shoe,
the weave,
the new bloodless
birth
of gold,
spectacles,
nails,
brooms,
clocks, compasses,
coins, the smooth
smoothness of chairs.

Oh, how many
pure
things
man
has built,
of wool,
wood,
glass,
rope,
marvelous
tables,
ships, stairs.

I love
all
things,

no porque sean
ardientes
o fragantes,
sino porque
no sé,
porque
este océano es el tuyo,
es el mío,
los botones,
las ruedas,
los pequeños
tesoros
olvidados,
los abanicos en
cuyos plumajes
desvaneció el amor
sus azahares,
las copas, los cuchillos,
las tijeras,
todo tiene
en el mango, en el contorno,
la huella
de unos dedos,
de una remota mano
perdida
en lo más olvidado del olvido.

Yo voy por casas,
calles,
ascensores,
tocando cosas,
divisando objetos
que en secreto ambiciono:

not because they're
ardent
or fragrant,
but because
I don't know,
because
this ocean is yours,
is mine,
buttons,
wheels,
little
forgotten
treasures,
fans
in whose feathers
love's blossoms
vanished,
glasses, knives,
scissors,
all have
on their handle
or their side
finger
marks
of a distant hand
lost
in the most forgotten oblivion.

I go through houses,
streets,
in elevators,
touching things,
spying objects
I secretly covet:

uno porque repica,
otro porque
es tan suave
como la suavidad de una cadera,
otro por su color de agua profunda,
otro por su espesor de terciopelo.

Oh río
irrevocable
de las cosas,
no se dirá
que sólo
amé
los peces,
o las plantas de selva y de pradera,
que no sólo
amé
lo que salta, sube, sobrevive, suspira.
No es verdad:
muchas cosas
me lo dijeron todo.
No sólo me tocaron
o las tocó mi mano,
sino que acompañaron
de tal modo
mi existencia
que conmigo existieron
y fueron para mí tan existentes
que vivieron conmigo media vida
y morirán conmigo media muerte.

one because it chimes,
another because
it's smooth
as the smoothness of a hip,
another for its deep water color,
another for its velvety thickness.

Oh irrevocable
river
of things,
it won't be said
that I only
loved
fish,
or plants of the jungle and meadow,
that I only
loved
what jumps, climbs, survives or sighs.
It's not true:
many things
told me all.
Not only did they touch me,
or my hand touched them,
but they accompanied
my life
in such a way,
that they existed with me,
and were so alive
that they lived with me half my life,
and will die with me half my death.

ODA A LAS COSAS ROTAS

Se van rompiendo cosas
en la casa
como empujadas por un invisible
quebrador voluntario:
no son las manos mías,
ni las tuyas,
no fueron las muchachas
de uña dura
y pasos de planeta:
no fue nada ni nadie,
no fue el viento,
no fue el anaranjado mediodía,
ni la noche terrestre,
no fue ni la nariz ni el codo,
la creciente cadera,
el tobillo,
ni el aire:
se quebró el plato, se cayó la lámpara,
se derrumbaron todos los floreros
uno por uno, aquel
en pleno octubre
colmado de escarlata,
fatigado por todas las violetas,
y otro vacío
rodó, rodó, rodó
por el invierno
hasta ser sólo harina
de florero,
recuerdo roto, polvo luminoso.

Y aquel reloj
cuyo sonido

ODE TO BROKEN THINGS

Things are being broken
in the house
as if pushed by an invisible
voluntary breaker:
it's not my hands
or yours,
or the girls
with tough nails
and earthshaking footsteps:
it was nothing, nobody,
it wasn't the wind,
or the tawny noon,
or the terrestrial night,
it wasn't nose or elbow,
the swelling hip,
ankle
or gust of air:
the plate broke, the lamp fell,
all the flower vases crumbled
one after another, one
in full October
brimming over with scarlet,
worn out by all the violets,
and another empty one
rolled, rolled, rolled
through the winter
until it became
just flower vase gruel,
a broken memory, luminous dust.

And that clock
whose sound

era
la voz de nuestras vidas,
el secreto
hilo
de las semanas,
que una a una
ataba tantas horas
a la miel, al silencio,
a tantos nacimientos y trabajos
aquel reloj también
cayó y vibraron
entre los vidrios rotos
sus delicadas vísceras azules,
su largo corazón
desenrollado.

La vida va moliendo
vidrios, gastando ropas,
haciendo añicos,
triturando
formas,
y lo que dura con el tiempo es como
isla o nave en el mar,
perecedero,
rodeado por los frágiles peligros,
por implacables aguas y amenazas.

Pongamos todo de una vez, relojes,
platos, copas talladas por el frío,
en un saco y llevemos
al mar nuestros tesoros:
que se derrumben nuestras posesiones
en un solo alarmante quebradero,
que suene como un río

was
the voice of our lives,
the secret
thread
of our weeks,
which one by one
tied up so many hours
to honey, to silence,
to so many births and travails,
that clock fell too
and its delicate blue
viscera vibrated among
the broken glass,
its long heart
uncoiled.

Life grinds away
glass, wearing out clothes,
tearing to shreds,
crushing
forms,
and what lasts in time is like
an island or ship at sea,
perishable,
surrounded by fragile dangers,
by implacable waters and threats.

Let's put everything once and for all, clocks,
plates, glass carved by the cold,
in a sack and take
our treasures out to sea:
let our possessions crumble
in a single alarming breaking place,
let what is broken

lo que se quiebra
y que el mar reconstruya
con su largo trabajo de mareas
tantas cosas inútiles
que nadie rompe
pero se rompieron.

Things

sound like a river
and let the sea reconstruct
with its long toiling tides
so many useless things
that nobody breaks
but which got broken.

ODA A LA CUCHARA

Cuchara,
cuenca
de
la más antigua
mano del hombre,
aún
se ve en tu forma
de metal o madera
el molde
de la palma
primitiva,
en donde
el agua
trasladó
frescura
y la sangre
salvaje
palpitación
de fuego y cacería.

Cuchara
pequeñita,
en la
mano
del niño
levantas
a su boca
el más
antiguo
beso
de la tierra,
la herencia silenciosa

ODE TO THE SPOON

Spoon,
basin
of
man's most
ancient hand,
we still
see in your metal
or wooden form
the mold
of the primitive
palm,
where
water
bore
freshness
and the savage
blood
the throb
of fire and hunt.

Tiny little
spoon,
in the
hand
of the child,
you raise
to his mouth
the earth's
most ancient
kiss,
the silent heritage

de las primeras aguas que cantaron
en labios que después
cubrió la arena.

El hombre
agregó
al hueco desprendido
de su mano
un brazo imaginario,
de madera
y
salió
la cuchara
por el mundo
cada
vez
más
perfecta,
acostumbrada
a pasar
desde el plato a unos labios clavelinos
o a volar
desde la pobre sopa
a la olvidada boca del hambriento.

Sí,
cuchara,
trepaste
con el hombre
las montañas,
descendiste los ríos,
llenaste
embarcaciones y ciudades,
castillos y cocinas,

of the first singing waters
on lips later
covered by sand.

Man
added
to the hollow detached
from his hand
an imaginary wooden
arm
and
the spoon
sallied forth
into the world
ever
more
perfect,
accustomed
to passing
from plate to pink lips
or flying
from the meager soup
to the forgotten mouths of the hungry.

Yes,
spoon,
you climbed up
mountains
with man,
you went down rivers,
you filled
ships and cities,
castles and kitchens,

pero
el difícil camino
de tu vida
es juntarte
con el plato del pobre
y con su boca.

Por eso el tiempo
de la nueva vida
que
luchando y cantando
proponemos,
serán un advenimiento de soperas,
una panoplia pura
de cucharas,
y en un mundo
sin hambre
iluminando todos los rincones,
todos los platos puestos en la mesa,
felices flores,
un vapor oceánico de sopa
y un total movimiento de cucharas.

but
the difficult journey
of your life
has been going from
the poor man's plate
to his mouth.

That's why the new times
of life
which
struggling and singing
we propose
will be a heralding of soup plates,
a pure panoply
of spoons,
and in a world
without hunger
lighting up all corners,
all plates set at the table,
happy flowers,
an ocean liner of soup
and a total movement of spoons.

ODA A LAS TIJERAS

Prodigiosas
tijeras
(parecidas
a pájaros,
a peces),
bruñidas sois como las armaduras
de la caballería.

De dos cuchillos largos
y alevosos,
casados y cruzados
para siempre,
de dos
pequeños ríos
amarrados,
resultó una cortante criatura,
un pez que nada en tempestuosos lienzos,
un pájaro que vuela
en
las peluquerías.

Tijeras
olorosas
a
mano
de la tía
costurera,
cuando con su metálico
ojo blanco
miraron
nuestra
arrinconada

ODE TO SCISSORS

Prodigious
scissors
(like
birds
and fish)
you are burnished like
the armor of chivalry.

From two knives long
and treacherous,
married and crossed
forever,
from two
small rivers
joined together,
came a cutting creature,
a fish swimming on a stormy canvass,
a bird flying
in
barbershops.

Scissors
smelling
of the
hand
of our dressmaker
aunt,
when their metallic
white eye
watched over
our
cramped

infancia
contando
a los vecinos
nuestros robos de besos y ciruelas.

Allí
en la casa
y dentro de su nido
las tijeras cruzaron
nuestras vidas
y luego
cuánta
tela
cortaron y cortaron
para novias y muertos,
para recién nacidos y hospitales
cortaron
y cortaron,
y el pelo
campesino
duro
como planta en la piedra,
y las banderas
que luego
fuego y sangre
mancharon y horadaron,
y el tallo
de las viñas en invierno,
el hilo
de la
voz
en el teléfono.

Unas tijeras olvidadas

childhood,
tattling to
the neighbors
of stolen kisses and plums.

There
in the house
and within their nest
the scissors crossed
our lives,
and then
how much
cloth
they cut and cut
for the brides and the dead,
the newly born and hospitals
they cut
and cut,
the peasant's
hair,
tough as a plant growing in stone,
the flags
which later
fire and blood
pierced and stained,
and the grapevine
stalks in winter,
the thread
of the
voice
on the telephone.

Some forgotten scissors

cortaron en tu ombligo
el hilo
de la madre
y te entregaron para siempre
tu separada parte de existencia:
otras, no necesariamente
oscuras,
cortarán algún día
tu traje de difunto.

Las tijeras
fueron
a todas partes:
exploraron
el mundo
cortando
por igual
alegría
y tristeza:
todo fue paño
para las tijeras:
titánicas
tijeras
de sastrería,
bellas como cruceros,
minúsculas
que cortan uñas
dándoles forma de menguante luna,
delgadas,
submarinas tijeras
del cirujano
que cortan el enredo
o el nudo equivocado en tu intestino.

cut your navel,
the thread
of your mother
and gave you forever
your seperate existence:
others, not necessarily
somber,
will some day cut
your burial suit.

Scissors
went
everywhere:
explored
the world
cutting
alike
joy
and sadness:
all was cloth
for the scissors:
titanic
tailor's
scissors,
fair as schooners,
tiny ones
for cutting nails
like waning moons,
slim,
the surgeon's
submarine scissors
which cut out the growth
or misplaced knot in your intestine.

Y aquí con las tijeras
de la razón
corto mi oda,
para que no se alargue y no se encrespe,
para que
pueda
caber en tu bolsillo
plegada y preparada
como
un par
de tijeras.

Things

And here with the scissors
of reason
I cut short my ode,
so it won't curl up or get too long,
so
it can
fit right in your pocket
folded and ready
like
a pair
of scissors.

Pablo Neruda

ODA AL SERRUCHO

Entre las nobles
herramientas,
el esbelto
martillo,
la hoz recién cortada de la luna,
el biselado, recio
formón, la generosa
pala,
eres, serrucho,
el pez, el pez
maligno,
el tiburón de aciaga dentadura.

Sin embargo, la hilera
de tus
mínimos dientes
cortan cantando
el sol
en la madera,
la miel del pino, la acidez
metálica del roble.
Alegremente
cortas
y cantando
el aserrín esparce tus proezas
que el viento mueve y que la lluvia hostiga.

No asumiste apostura
como la del insólito martillo
que decoró con dos plumas de gallo
su cabeza de acero,
sino que

ODE TO THE SAW

Among the noble
tools,
the slender
hammer,
the sickle just sliced from the moon,
the beveled strong
chisel, the generous
shovel,
you are, saw,
fish, malignant
fish, the shark with fatal dentures.

Nonetheless, the row
of your
minimal teeth
cut singing
the sun
in the wood,
the pine honey, the metallic
acidity of the oak.
Joyfully
you cut away,
and singing,
the sawdust scatters your prowess,
moved by the wind and lashed by the rain.

You don't assume a jauntiness
like the incredible hammer,
its head of steel
decorated with two rooster feathers,
but

como un pez
de la profunda
plenitud submarina,
luego de tu tarea natatoria
te inmovilizas y desapareces
como en el lecho oscuro del océano.

Serrucho, pez amigo
que canta,
no devoras
el manjar que cortó tu dentadura,
sino que lo derramas
en migas de madera.

Serrucho azul, delgado
trabajador, cantando
cortaste
para mí
las tablas del ropero,
para todos
marcos
para que en ellos
fulgure la pintura
o penetre a la casa
el río de la luz por la ventana.
Por toda la tierra
con sus ríos
y sus navegaciones,
por los
puertos,
en las embarcaciones del océano,
en lo alto
de aldeas suspendidas
en la nieve,

Things

like a fish
from the profound
submarine plenitude,
after your natatorial task,
you are immobilized and disappear
as in the dark bed of the ocean.

Saw, fish friend
that sings,
you don't devour
the tasty food cut by your teeth,
but scatter it
in crumbs of wood.

Blue saw, slim
worker, singing
you cut
for me
the boards of my clothes closet,
frames
for everyone,
so the painting
may flash in them
or the river of light may
penetrate the house through the window.
All over the earth
with its rivers
and navigations,
through the
ports,
at ocean embarkations,
in the heights
of villages suspended
in the snow,

aún
lejos, más lejos:
en
el
secreto
de los institutos,
en la casa florida
de la amante,
y también
en el patio abandonado
donde murió un Ignacio, un Saturnino,
así como
en las profundas herrerías,
en todas partes
un serrucho
vigila,
un serrucho
delgado, con sus
pequeños dientes
de pescado casero y su vestido
de mar, de mina azul, de florete olvidado.

Así, serrucho,
quiero
aserrar
las cosas amarillas de este mundo,
cortar
maderas puras,
cortezas de la tierra y de la vida,
encinas, robles, sándalos
sagrados,
otoño
en largas leguas extendido.
Yo quiero

Things

even
farther, much farther:
in
the
secrets
of the institutes,
in the lover's
house full of flowers,
and also
in the abandoned patio
where an Ignatius or Saturnine died,
likewise,
in the deep set back blacksmith shops,
everywhere,
a saw
keeps watch,
a slim
saw, with its
tiny teeth
of domestic fish and its sea
dress, of blue mine and forgotten foil.

So, saw,
I want
to saw
the yellow things of this world,
to cut
pure woods,
bark from earth and life,
oaks, live oaks, sacred
sandalwood,
autumn
spread out over long leagues.
I want

tu escondida
utilidad, tu fuerza
y tu frescura,
la segura modestia
de tu dentado acero,
tu lámina de luna!

Me despido
de ti,
benéfico
serrucho,
astral
y submarino,
diciéndote
que
me quedaría
siempre con tu metálica victoria en los aserraderos,
violin del bosque, pájaro
del aserrín, tenaz
tiburón de la madera!

Things

your hidden
utility, your force
and freshness,
the sure modesty
of your toothed steel,
your blade of moon!

I bid
you good-bye,
beneficent
saw,
astral
and submarine,
telling you
that
I would stay forever
with your metal victory in the sawmills,
forest violin, sawdust
bird, tenacious
wood shark!

ODA AL JABÓN

Acercando
el
jabón
hasta mi cara
su cándida fragancia
me enajena:
No sé
de donde vienes,
aroma,
de la provincia
vienes?
De mi prima?
De la ropa en la artesa
entre las manos
estrelladas de frío?
De las lilas
aquellas,
ay, de aquellas?
De los ojos
de María campestre?
De las ciruelas verdes
en la rama?
De la cancha de fútbol
y del baño
bajo los
temblorosos
sauces?
Hueles a enramada,
a dulce amor o a torta
de onomástico? Hueles
a corazón mojado?

ODE TO SOAP

Putting
a bar of
soap
up to my face,
its candid fragrance
intoxicates me:
I don't know
where you come from,
aroma,
are you from
the provinces?
From my cousin?
From the clothes in the wash basin
among the hands
chapped by the cold?
From those
lilacs,
oh, from those?
From the eyes
of the country girl María?
From the green plums
on the branch?
From the soccer field
and the bath
under the
tremulous
willows?
Do you smell of a bower of branches?
Sweet love or a birthday
cake? Do you smell
of a tearful heart?

Qué me traes,
jabón,
a las narices
de pronto,
en la mañana,
antes de entrar al agua
matutina
y salir por las calles
entre hombres abrumados
por sus mercaderías?
Qué olor de pueblo
lejos,
qué flor
de enaguas,
miel de muchachas silvestres?
O tal vez
es el viejo
olvidado
olor del almacén
de ultramarinos
y abarrotes,
los blancos lienzos fuertes
entre las manos de los campesinos,
el espesor
feliz
de la chancaca,
o en el aparador de la casa
de mis tíos
un clavel rojo
como un rayo rojo
como una flecha roja?

Es eso
tu agudo

Things

What do you bring,
soap,
to my nostrils,
suddenly,
in the morning
before washing up
early in the day
and going out on the streets
among men weighed down
by their merchandise?
What odor of faraway
village?
What flower
of petticoats?
Honey of woodland girls?
Or maybe
it's the old
forgotten
smell of grocery
and dry goods stores,
sturdy white linens
in the farmers' hands,
the sweet
thickness
of a slab of brown sugar,
or on the sideboard in my
aunt and uncle's house,
a red carnation,
like a red ray,
or a red arrow?

Is that
your sharp

olor
a tienda
barata, a colonia
inolvidable, de peluquería,
a la provincia pura,
al agua limpia?
Eso
eres,
jabón, delicia pura,
aroma transitorio
que resbala
y naufraga como un
pescado ciego
en la profundidad de la bañera.

Things

odor
of cheap store, unforgettable
cologne in barbershops,
of the pure provinces,
of clean water?
That's what
you are,
soap, pure delight,
fleeting smell
that slips
and sinks like a
blind fish
in the depths of the bathtub.

ODA A LA MESA

Sobre las cuatro patas de la mesa
desarrollo mis odas,
despliego el pan, el vino
y el asado
(la nave negra
de los sueños),
o dispongo tijeras, tazas, clavos,
claveles y martillos.

La mesa fiel
sostiene
sueño y vida,
titánico cuadrúpedo.

Es
la encaracolada
y refulgente
mesa del rico un fabuloso buque
cargado con racimos.
Es hermosa la mesa de la gula,
rebosante de góticas langostas,
y hay una mesa
sola, en el comedor de nuestra tía
en verano. Corrieron
las cortinas
y un solo rayo agudo del estío
penetra como espada
a saludar sobre la mesa oscura
la transparente paz de las ciruelas.

Y hay una mesa lejos, mesa pobre,
donde están preparando

ODE TO THE TABLE

On a four-legged table
I work out my odes,
I lay out the bread, wine
and roast
(the black ship
of dreams),
I set out scissors, cups and nails,
carnations and hammers.

The faithful table
sustains
our dreams and life,
a titanic quadruped.

The rich man's table,
scrolled and gleaming,
is
a fabulous ship
laden with bunches of grapes,
The table of gluttony is gorgeous,
brimming over with Gothic lobsters,
and there's a table
off alone, in my aunt's dining room
in summer. They've drawn
the curtains
and a single sharp ray of summer
pierces like a sword
greeting on the dark table
the plums' transparent peace.

And there's a faraway table, a poor table
where they're preparing

una corona
para
el minero muerto,
y sube de la mesa el frío aroma
del último dolor desbaratado.
Y cerca está la mesa
de aquella alcoba umbría
que hace arder el amor con sus incendios.
Un guante de mujer quedó temblando
allí, como la cáscara del fuego.

El mundo
es una mesa
rodeada por la miel y por el humo,
cubierta de manzanas o de sangre.
La mesa preparada
espera los banquetes o la muerte
y ya sabemos cuando
nos llamaron:
si nos llaman a guerra o a comida
y hay que elegir campana,
hay que saber ahora
cómo nos vestiremos
para sentarnos
en la larga mesa,
si nos pondremos pantalones de odio
o camisa de amor recién lavada:
pero hay que hacerlo pronto,
están llamando:
muchachas y muchachos,
a la mesa!

a wreath
for
the dead miner,
and a cold smell rises from the table
of his last thwarted pain.
And nearby is the table
of that shadowy bedroom
that makes love burn with its flames.
A woman's glove still trembles
there, like the shell of fire.

The world
is a table
encircled by honey and smoke,
covered with apples or blood:
The table all set
waiting for banquets or death
and we already know
when they call us:
whether they call us to war or to dinner,
and we must choose a bell,
we must now know
how to dress
to be seated
at the long table,
whether we'll put on pants of hate
or a recently laundered shirt of love:
but we must do it soon,
for they're calling us,
boys and girls,
to the table!

ODA A LA CAMA

De cama en cama en cama
es este viaje,
el viaje de la vida.
El que nace, el herido
y el que muere,
el que ama y el que sueña
vinieron y se van de cama en cama,
vinimos y nos vamos
en este tren, en esta nave, en este
río común
a toda
vida,
común
a toda muerte.

La tierra es una cama
florida por amor, sucia de sangre,
las sabanas del cielo
se secan
desplegando
el cuerpo de Setiembre y su blancura,
el mar
cruje
golpeado
por la
cúpula
verde
del
abismo
y mueve ropa blanca y ropa negra.

Oh mar, cama terrible,

ODE TO THE BED

From bed to bed to bed
is this journey,
the journey of our life.
The newborn, the wounded
and the dying,
the lover and the dreamer,
all came and go from bed to bed,
we came and go
on this train, this ship,
this river common
to every
life,
common
to every death.

The earth is a bed
embellished by love, dirtied with blood,
heaven's sheets
dry out,
displaying
 the body of September and its purity,
the sea
groans,
pummeled
by the
green
vault
of the abyss,
stirring black and white clothes.

Oh sea, terrible bed,

agitación perpetua
de la muerte y la vida,
del aire encarnizado y de la espuma,
duermen en ti los peces,
la noche,
las ballenas,
yace en ti la ceniza
centrífuga y celeste
de los agonizantes meteoros;
palpitas, mar, con todos
tus dormidos,
construyes y destruyes
el tálamo incesante de los sueños.

De pronto sale un rayo
con dos ojos de puro nomeolvides,
con nariz de marfil o de manzana,
y te muestra el sendero
a suaves sábanas
como estandartes claros de azucena
por donde resbalamos
al enlace.
Luego
viene a la cama
la muerte con sus manos oxidadas
y su lengua de yodo
y levanta su dedo
largo como un camino
mostrándonos la arena,
la puerta de los últimos dolores.

Things

perpetual motion
of life and death,
of ferocious wind and spray,
the fish,
the night
and whales sleep in you,
the centrifugal celestial
ash of dying meteors
lies in you;
you throb, sea, with all
your sleepers,
you build up and destroy
the never ending bridal bed of dreams.

Suddenly a thunderbolt emerges
with two eyes of pure forget-me-nots,
with ivory or apple nose,
and shows you the path
to soft sheets
like lily-clear banners
where we slip
into the embrace.
Then
death with its rusty hands
and iodized tongue
comes to bed
and raises its long
finger like a road,
showing us the sand,
the doorway to our final pains.

ODA AL PIANO

Estaba triste el piano
en el concierto,
olvidado en su frac sepulturero,
y luego abrió la boca,
su boca de ballena:
entró el pianista al piano
volando como un cuervo,
algo pasó como si cayera
una piedra
de plata
o una mano
a un estanque
escondido:
resbaló la dulzura
como la lluvia
sobre una campana,
cayó la luz al fondo
de una casa cerrada,
una esmeralda recorrió el abismo
y sonó el mar,
la noche,
las praderas,
la gota del rocío,
el altísimo trueno,
cantó la arquitectura de la rosa,
rodó el silencio al lecho de la aurora.

Así nació la música
del piano que moría,
subió la vestidura
de la náyade
del catafalco

ODE TO THE PIANO

The piano was sad
at the concert,
forgotten in its gravedigger's frock coat,
and then it opened its mouth,
whale mouth:
the pianist entered his piano
flying like a crow,
something happened, as if a silver
pebble
or a hand
had fallen
into a hidden
pond:
the sweetness skated
like rain
on a bell,
the light fell to the depths
of a locked up house,
an emerald crossed the abyss,
and the sea gave forth its sound,
the night
and meadows too,
the drop of dew,
the highest notes of thunder,
the structure of the rose sang,
silence rolled to the bed of dawn.

So was music born
in the dying piano,
the naiad's
 tunic rose
from the coffin,

y de su dentadura
hasta que en el olvido
cayó el piano, el pianista
y el concierto,
y todo fue sonido,
torrencial elemento,
sistema puro, claro campanario.

Entonces volvió el hombre
del árbol de la música.
Bajó volando como
cuervo perdido
o caballero loco:
cerró su boca de ballena el piano
y él anduvo hacia atrás,
hacia el silencio.

and from its row of teeth
piano, pianist and
concert sank into oblivion,
and all was sound,
torrential elements,
pure method, clear bell pealing.

Then the man returned
from the tree of music.
He came flying down
like a lost crow
or a crazy knight:
the piano closed its whale mouth
and he walked off, backing away
toward the silence.

ODA A LA CAMPANA CAÍDA

Se cayó el campanario.
Se cayó la campana
un día sin orgullo,
un día
que llegó como otros jueves
y se fue,
se fue, se fue con ella,
con la campana que cayó de bruces,
con el sonido sepultado.

Por qué cayó aquel día?

Por qué no fue anteayer ni ayer ni nunca,
por qué no fue mañana,
sino entonces?
Por qué tenía que caer de pronto
una campana entera,
firme, fiel y madura?
Qué pasó en el metal, en la madera,
en el suelo, en el cielo?
Qué pasó por la sombra,
por el día,
por el agua?
Quién llegó a respirar y no lo vimos?
Qué iras del mar alzaron su atributo
hasta que derribaron
el profundo
eco
que contuvo en su cuerpo la campana?
Por qué se doblegó la estrella?
Quiénes quebraron su soberanía?

ODE TO A FALLEN BELL

The bell tower fell.
The bell fell
on a day just like other days,
a day
which came like other Thursdays,
and went away,
went away, away with the bell,
with the bell which fell face down,
with its sound buried.

Why did it fall on that day?

Why wasn't it the day before yesterday, or yesterday or
        never?
Why wasn't it tomorrow
instead of then?
Why did a strong bell,
firm, faithful and mature,
suddenly have to fall?
What happened in the metal, in the wood,
in the ground, in the sky?
What passed through the shadow,
the day,
and the water?
Who came to breathe unseen by us?
What rages of the sea raised up their force
demolishing
the profound
echo
that the bell held in its body?
Why did the star yield?
Who broke its sovereignty?

El daño yace ahora.
Mordió el espacio
la campana
con su labio redondo,
ya nadie puede tocar su abismo,
todas las manos son impuras:
ella era del aire,
y cada mano nuestra
tiene uñas,
y las uñas del hombre
tienen polvo,
polvo de ayer, ceniza,
y duerme
porque
nadie puede alcanzar su voz perdida,
su alma
que ella manifestó en la transparencia,
el sonido
enterrado
en cada campanada y en el aire.

Y así fué la campana:

cantó cuando vivía
y ahora está en el polvo
su sonido.
El hombre y la campana
cantaron victoriosos en el aire,
después enmudecieron en la tierra.

Things

The damage now lies there.
The bell
bit space
with its round lips,
and no-one can touch its abyss,
all hands are impure:
the bell belonged to the air,
and each of our hands
have nails,
and man's nails
have dust,
yesterday's dust, ashes,
and the bell sleeps
because
no-one can reach its lost voice,
its soul
manifested in transparency,
the sound
buried
in each single peal and in the air.

And that's the way the bell was:

it sang while living
and now its sound lies
in the dust.
Man and bell
sang victoriously up in the air,
then they became silent down on earth.

ODA A UN CAMIÓN COLORADO CARGADO CON TONELES

Un impreciso
vapor, aroma o agua,
sumergió
los cabellos del día:
errante olor,
campana
o corazón de humo,
todo
fue envuelto
en ese deshabitado hangar,
todo
confundió sus colores.

Amigo, no se asuste.

Era sólo
el otoño
cerca de Melipilla,
en los caminos,
y las hojas
postreras,
como un escalofrío
de violines,
se despedían
de los altos árboles.

No pasa nada. Espere.

Las casas, los tejados,
las tapias
de cal y barro, el cielo,
eran

ODE TO A RED TRUCK LOADED WITH BARRELS

An indefinable
steam, smell or water
immersed
the hairs of day:
stray odor,
bell
or heart of smoke,
all
was shrouded
in that deserted truck shed,
all colors blending
in confusion.

Friend, don't be afraid.

It was just
autumn
on the roads
near Melipilla,
and the last
leaves,
like a shudder
of violins,
were saying good-bye
to the tall trees.

Nothing happens. Wait.

The houses, the roofs,
the walls of
lime and mud, the sky
were

una sola amenaza:
eran un libro
largo
con personajes
sumamente tristes.

Esperemos. Espere.

Entonces
como un toro
atravesó el otoño
un camión colorado
cargado con toneles.
Surgió de tanta niebla
y tanto vago cielo,
rojo, repleto
como una
granada,
alegre como el fuego,
despeñando su rostro
de incendio, su cabeza
de león fugitivo.

Instantáneo, iracundo,
preciso y turbulento,
trepidante y ardiente
pasó
como una estrella colorada.
Yo apenas
pude
ver
esa sandía
de acero, fuego y oro,
el coro

all a single threat:
they were a long
book
with very
sad characters.

Let's wait. Wait.

Then
like a bull
a red truck
loaded with barrels
streaked across the autumn,
emerging from so much mist
and blurry sky,
red, stuffed
full as a
pomegranate,
happy as a flame,
hurtling its fiery
face, its fleeting
lion's head.

Instantaneous, wrathful,
precise and raging,
shaking aflame
it passed
like a bright red star.
I could
scarcely
see
that watermelon
of steel, fire and gold,
the musical

musical
de los toneles:
toda esa
simetría
colorada
fue
sólo
un
grito,
un
estremecimiento
en el otoño
pero
todo cambió:
los árboles, la inmóvil
soledad, el cielo
y sus metales moribundos
volvieron a existir.

Así fue como el fuego
de un vehículo
que corría anhelante
con su carga
fue
para mí
como si desde el frío de la muerte
un meteoro
surgiera y me golpeara
mostrándome
en su esplendor colérico
la vida.

Sólo
un camión

chorus
of the barrels:
all that
red
symmetry
was
just
a
cry,
a
quiver
in autumn
but
everything changed:
the trees, the still
loneliness, the sky
and its dying metals
came alive once again.

So it was that fiery
vehicle
racing along panting
with its cargo
was
for me
as if a meteor
had burst and struck me
from the chill of death,
showing me
in its angry splendor
life.

Just
a runaway truck

cargado
con toneles,
desbocado, cruzando
los caminos,
cerca de Melipilla, en una
mañana,
acumuló
en mi pecho
desbordante
alegría
y energía:
me devolvió el amor y el movimiento.
Y derrotó
como una llamarada
el desmayo del mundo.

loaded
with barrels,
crossing
the roads,
near Melipilla, on a
morning,
heaped
my chest with
overflowing
joy
and energy:
bringing me again love and movement,
and defeating
like a blaze
the world's in a swoon.

ODA A LOS TRENES DEL SUR

Trenes del Sur, pequeños
entre
los volcanes,
deslizando
vagones
sobre
rieles
mojados
por la lluvia vitalicia,
entre montañas
crespas
y pesadumbre
de palos quemados.

Oh
frontera
de bosques goteantes,
de anchos helechos, de agua,
de coronas.
Oh territorio
fresco
recién salido del lago,
del río,
del mar o de la lluvia
con el pelo mojado,
con la cintura llena
de lianas portentosas,
y entonces
en el medio
de las vegetaciones,
en la raya
de la multiplicada cabellera,

ODE TO TRAINS OF THE SOUTH

Trains of the South, midgets
among
the volcanoes,
cars
sliding
over
wet-slick
rails
from the lifelong rains,
among crisp
mountains
and sorrowing
for the charred tree stumps.

Oh
frontier
of dripping forests,
vast ferns, water,
and wreaths.
Oh fresh
territory,
newly emerged from lake,
and river,
sea or rain,
with sopping hair,
waist girdled by
prodigious vines,
and then
in the midst
of all the greenery,
parting
the heavy head of hair,

un penacho perdido,
el plumero
de una locomotora fugitiva
con un tren arrastrando
cosas vagas
en la solemnidad aplastadora
de la naturaleza,
lanzando
un grito
de ansia,
de humo,
como un escalofrío
en el paisaje!

Así
desde sus olas
los trigales
con el tren pasajero
conversan como
si fuera
sombra, cascada o ave
de aquellas latitudes,
y el tren
su chisperío
de carbón abrasado
reparte
con oscura
malignidad
de diablo
y sigue,
sigue,
sigue,
trepa el alto viaducto
del río Malleco

a lost streamer,
plume
of a fleeting locomotive,
with a train dragging
vague things
through the shattering solemnity
of nature,
voicing
a cry
of anxiety,
smoke,
like a hot-and-cold chill
on the landscape!

So
from their waves
the wheatfields
converse
with the passing train
as if it were
shadow, waterfall, or bird
of those latitudes,
and the train
spits out
its sparks
of burning coal,
with the dark
malice
of the devil,
and continues on,
and on,
and on,
climbing the high viaduct
of the river Malleco

como subiendo
por una guitarra
y canta
en las alturas
del equilibrio azul
de la ferretería,
silba el vibrante tren
del fin del mundo
como
si
se despidiera
y se fuera a caer donde
termina
el espacio terrestre,
se fuera a despeñar entre las islas
finales del océano.

Yo voy contigo,
tren, trepidante
tren
de la frontera:
voy a Renaico,
espérame,
tengo que comprar lana en Collipulli,
espérame que tengo
que descender en Quepe,
en Loncoche, en Osorno,
buscar piñones, telas
recién tejidas, con olor
a oveja y lluvia . . .
Corre
tren, oruga, susurro,
animalito longitudinal,
entre las hojas

like mounting
a guitar,
singing
on the heights
of the balancing blue
steelwork,
the vibrant train whistles
at the end of the world
just
as if
it were saying good-bye
and going to fall where
earthly space
ends,
and plunge down among the last
islands of the sea.

I'm going with you,
train, rattling
frontier
train:
I'm going to Renaico,
wait for me,
I have to buy wool in Collipulli,
wait for I have
to get off in Quepe,
Loncoche and Osorno,
to look for pine nuts, new
woven fabrics, smelling
of sheep and rain. . .
Run
tren, caterpillar, murmur,
longitudinal little animal,
among the cold

frías
y la tierra fragante
corre
con
taciturnos
hombres de negra manta,
con monturas,
con silenciosos sacos
de papas de las islas,
con la madera
del alerce rojo,
del oloroso coigue,
del roble sempiterno.

Oh tren
explorador
de soledades,
cuando vuelves
al hangar de Santiago,
a las colmenas
del hombre y su cruzado poderío,
duermes tal vez
por una noche triste
un sueño sin perfume,
sin nieve, sin raíces,
sin islas que te esperan en la lluvia,
inmóvil
entre anónimos
vagones.

Pero,
yo, entre un océano
de trenes,
en el cielo

leaves
and the fragrant earth,
run
accompanied by
taciturn
men in black mantles
on horseback,
with silent sacks
of potatoes from the islands,
with the wood
of red larch,
of fragrant beech,
of eternal oak.

Oh train,
explorer
of lonely places,
when you return
to the Santiago yards,
to the beehives
of men and their criss-crossed domain,
perhaps you'll sleep
for one sad night
a dream without perfume,
snow or roots,
or islands waiting for you in the rain,
motionless
among anonymous
railroad cars.

But,
I, in an ocean
of trains,
in a sky full

de las locomotoras,
te reconocería
por
cierto aire
de lejos, por tus ruedas
mojadas allá lejos,
y por tu traspasado
corazón que conoce
la indecible, salvaje,
lluviosa,
azul fragancia!

of locomotives,
would recognize you,
by
a certain air
from afar, by your wheels
wettened there far away,
and by your grieving
heart that knows
the unspeakable, savage,
rain-drenched
blue fragrance!

FLOWERS
&
FRUITS

ODA A LA MANZANA

A ti, manzana,
quiero
celebrarte
llenándome
con tu nombre
la boca,
comiéndote.

Siempre
eres nueva como nada
o nadie,
siempre
recién caída
del Paraíso:
plena
y pura
mejilla arrebolada
de la aurora!

Qué difíciles
son
comparados
contigo
los frutos de la tierra:
las celulares uvas,
los mangos
tenebrosos,
las huesudas
ciruelas, los higos
submarinos:
tú eres pomada pura,
pan fragante,

ODE TO THE APPLE

You, apple,
I wish
to celebrate,
filling
my mouth
with your name,
eating you.

You are
always new like nothing
or anyone else,
always
recently fallen
from Paradise:
full
and pure,
rosy red cheek
of dawn!

How difficult to grasp
are
the fruits of the land
compared
with you:
cellular grapes,
murky
mangoes,
the large pitted
plums, submarine
figs:
you are pure pomade,
sweet smelling bread,

queso
de la vegetación.

Cuando mordemos
tu redonda inocencia
volvemos
por un instante
a ser
también recién creadas criaturas:
aún tenemos algo de manzana.

Yo quiero
una abundancia
total, la multiplicación
de tu familia,
quiero
una ciudad,
una república,
un río Mississipi
de manzanas,
y en sus orillas
quiero ver
a toda
la población
del mundo
unida, reunida,
en el acto más simple de la tierra:
mordiendo una manzana.

vegetation
cheese.

When we bite into
your round innocence,
we become
for an instant
once again
new born creatures:
we still have something of the apple.

I want
a total
abundance, the multiplication
of your family,
I want
a city,
a republic,
a Mississippi River
of apples,
and on its shores
I want to see
all
the world's
people
united, joined together,
in the simplest act on earth:
munching on an apple.

Pablo Neruda

ODA A LA NARANJA

A semejanza tuya,
a tu imagen,
naranja,
se hizo el mundo:
redondo el sol, rodeado
por cáscaras de fuego:
la noche consteló con azahares
su rumbo y su navío.
Así fue y así fuimos,
oh tierra,
descubriéndote,
planeta anaranjado.
Somos los rayos de una sola rueda
divididos
como lingotes de oro
y alcanzando con trenes y con ríos
la insólita unidad de la naranja.

Patria
mía,
amarilla
cabellera,
espada del otoño,
cuando
a tu luz
retorno,
a la desierta
zona
del salitre lunario,
a las aristas
desgarradoras
del metal andino,

ODE TO THE ORANGE

Just like you,
in your image,
orange,
the world was made:
the sun round, surrounded
by fiery rinds:
night strewed its path and ship
with orange blossoms.
Oh earth,
so it was and so we went
discovering you,
orange-hued planet.
We are spokes of a single wheel
divided
like golden ingots,
achieving with trains and rivers
the rare unity of the orange.

Country
mine,
yellow
head of hair,
autumn sword,
when I return
to your light,
to the deserted
zone
of moonscape nitrate,
to the jagged
edges
of Andean metal,

cuando
penetro
tu contorno, tus aguas,
alabo
tus mujeres,
miro cómo los bosques
balancean
aves y hojas sagradas,
el trigo se derrama en los graneros
y las naves navegan
por oscuros estuarios,
comprendo que eres,
planeta,
una naranja,
una fruta del fuego.

En tu piel se reúnen
los países
unidos
como sectores de una sola fruta,
y Chile, a tu costado,
eléctrico,
encendido
sobre
los follajes azules
del Pacífico
es un largo recinto de naranjos.

Anaranjada sea
la luz
de cada
día,
y el corazón del hombre,
su racimo,

when
I penetrate
your contours, your waters,
praise
your women,
and see how your forests
sway with
sacred birds and leaves,
the wheat spilling over in the granaries,
and ships sailing
in dark estuaries,
I understand that you are,
planet,
an orange,
a fruit of fire.

Inside your rind all countries
join
together
like sectors of a single fruit,
and Chile, at your side,
electric,
kindled
over
the blue foliage
of the Pacific
is a long enclosure of orange trees.

Let the light
of each
day
be orange-tinted,
and man's heart,
a cluster of fruit,

ácido y dulce sea:
manantial de frescura
que tenga y que preserve
la misteriosa
sencillez
de la tierra
y la pura unidad
de una naranja.

both bitter and sweet:
fountain of freshness,
may it hold and preserve
the mysterious
simplicity
of the earth
and the pure unity
of an orange.

ODA A LA CIRUELA

Hacia la cordillera
los caminos
viejos
iban cercados
por ciruelos,
y a través
de la pompa
del follaje,
la verde, la morada
población de las frutas
traslucía
sus ágatas ovales,
sus crecientes
pezones.
En el suelo
las charcas
reflejaban
la intensidad
del duro
firmamento:
el aire
era una
flor
total y abierta.

Yo, pequeño
poeta,
con los primeros
ojos
de la vida,
iba sobre
el caballo

ODE TO THE PLUM

Toward the cordillera
the old
roads
were lined
by plum trees,
and through
the pomp
of their foliage,
the green and purple
thickly settled fruit
showed through
their oval agates,
their swelling
nipples.
On the ground
the pools
reflected
the intensity
of the harsh
firmament:
the air
was a full and open
flower.

I, a small-sized
poet,
with the first fresh
eyes
of life,
was riding
a horse

balanceado
bajo la arboladura
de ciruelos.

Así en la infancia
pude
aspirar
en
un ramo,
en una rama,
el aroma del mundo,
su clavel
cristalino.

Desde entonces
la tierra, el sol, la nieve,
las rachas
de la lluvia, en octubre,
en los caminos,
todo,
la luz, el agua,
el sol desnudo,
dejaron
en mi memoria
olor
y transparencia
de ciruela:
La vida
ovaló en una copa
su claridad, su sombra,
su frescura.

Oh beso
de la boca

swaying along
under the woodland masts
of the plum trees.

So in my childhood
I could
inhale
on a branch,
on a bough
the world's scent,
a crystaline
carnation.

Since then,
the earth, the sun, the snow,
the squalls
of rain in October,
on the roads,
everything,
light, water,
the naked sun,
left
in my memory
the smell
and transparency
of the plum:
life
made into an oval shaped glass
its clarity, shadow
and freshness.

Oh kiss
of the mouth

en la ciruela,
dientes
y labios
llenos
del ámbar oloroso,
de la líquida
luz de la ciruela!

Ramaje
de altos árboles
severos
y sombríos
cuya
negra
corteza
trepamos
hacia el nido
mordiendo
ciruelas verdes,
ácidas estrellas!

Tal vez cambié, no soy
aquel niño
a caballo
por
los
caminos de la cordillera.
Tal vez
más
de una
cicatriz
o quemadura
de la edad o la vida
me cambiaron

on the plum,
teeth
and lips
full
of fragrant amber,
of the liquid
light of the plum!

Branches
of high trees,
severe
and somber
whose
black
bark
we climb up
toward the nest,
biting into
green plums,
tart stars!

Perhaps I changed, I am no more
that boy
on horseback
riding on
the
mountain roads.
Perhaps
more
than one
scar
or burn
of age or life
changed

la frente,
el pecho,
el alma!

Pero, otra vez,
otra vez
vuelvo
a ser
aquel niño silvestre
cuando
en la mano levanto
una ciruela:
con su luz
me parece
que levanto
la luz del primer día
de la tierra,
el crecimiento
del fruto y del amor
en su delicia.

Sí,
en esta hora,
sea
cual sea, plena
como pan o paloma
o amarga
como
deslealtad de amigo,
yo para ti levanto una ciruela
y en ella, en su pequeña
copa
de ámbar morado y espesor fragante
bebo y brindo la vida

my forehead,
my chest
my soul!

But, once again,
once again
I
become
that wild lad
whenever
I hold up a plum
in my hand:
with its light
it seems to me
I'm holding aloft
the light of the first day
on earth,
the growth
of the fruit and love
in its delight.

Yes,
at this hour,
whatever
it may be, full
like a loaf of bread or a dove,
or bitter
as a friend's disloyalty,
for you I raise a plum,
and inside, in its small
glass
of purple amber and fragrant thickness,
I drink and toast to life

en honor tuyo,
seas quien seas, vayas donde vayas:

No sé quién eres, pero
dejo en tu corazón
una ciruela.

in your honor,
whoever you are, wherever you go:

I don't know who you are, but
I leave in your heart
a plum.

ODA A LA SANDÍA

El árbol del verano
intenso,
invulnerable,
es todo cielo azul,
sol amarillo,
cansancio a goterones,
es una espada
sobre los caminos,
un zapato quemado
en las ciudades:
la claridad, el mundo
nos agobian,
nos pegan
en los ojos
con polvareda,
con súbitos golpes de oro,
nos acosan
los pies
con espinitas,
con piedras calurosas,
y la boca
sufre
más que todos los dedos:
tienen sed
la garganta,
la dentadura,
los labios y la lengua:
queremos
beber las cataratas,
la noche azul,
el polo,
y entonces

ODE TO THE WATERMELON

The tree of summer,
intense,
invulnerable,
is all blue sky,
yellow sun,
sweat dripping fatigue,
a sword
above the roads,
a burned shoe
in the cities:
the brightness and the world
weigh us down,
strike our eyes
with clouds of dust,
with sudden golden blows,
torment
our feet
with little thorns,
with hot rocks,
and our mouths
suffer more than our toes:
throat,
teeth,
lips and tongue,
all are thirsty:
we want
to drink cascades of water,
the blue night,
the icy pole,
and then

cruza el cielo
el más fresco de todos
los planetas,
la redonda, suprema
y celestial sandía.

Es la fruta del árbol de la sed.
Es la ballena verde del verano.

El universo seco
de pronto
tachonado
por este firmamento de frescura
deja caer
la fruta
rebosante:
se abren sus hemisferios
mostrando una bandera
verde, blanca, escarlata,
que se disuelve
en cascada, en azúcar,
en delicia!

Cofre del agua, plácida
reina
de la frutería,
bodega
de la profundidad, luna
terrestre!
Oh pura,
en tu abundancia
se deshacen rubíes
y uno
quisiera

there crosses the skies
the coolest of all
planets,
the round, supreme,
celestial watermelon.

It's the fruit of the tree of thirst,
summer's green whale.

The dry universe
suddenly
spangled
with this firmament of freshness
lets the brimming
juicy fruit
fall:
its hemispheres open
revealing a green, white
and scarlet banner,
dissolving
in cascades, in sugar,
in deliciousness!

Water jewel box, placid
queen
of the fruit market,
cellar
of depths, earthly
moon!
Oh pure
in your abundance
you melt into rubies,
and one
would like to

morderte
hundiendo
en ti
la cara,
el pelo,
el alma!
Te divisamos
en la sed
como
mina o montaña
de espléndido alimento,
pero
te conviertes
entre la dentadura y el deseo
en sólo
fresca luz
que se deslíe
en manantial
que nos tocó
cantando.
Y así
no pesas
en la siesta
abrasadora,
no pesas,
sólo
pasas
y tu gran corazón de brasa fría
se convirtió en el agua
de una gota.

bite into you
sinking
one's face,
hair
and soul
in you!
We glimpsed you
in our thirst
like
a mine or mountain
of splendid nourishment,
but
you become
between bite and desire
just
cool light
dissolving
in a fountain
which touched us
singing.
And so
you don't weigh on us
in the scorching
siesta,
you don't weigh on us,
you just
pass by,
and your great heart, a chilled ember,
has turned into just one drop
of water.

ODA A LA ROSA

A la rosa
a esta rosa
a la única,
a esta gallarda, abierta,
adulta rosa,
a su profundidad de terciopelo,
al estallido de su seno rojo.
Creían,
sí,
creían
que renunciaba a ti,
que no te canto,
que no eres mía, rosa,
sino ajena,
que yo
voy por el mundo
sin mirarte,
preocupado
sólo
del hombre
y su conflicto.
No es verdad, rosa,
te amo.
Adolescente
preferí las espigas,
las granadas,
preferí ásperas flores
de matorral, silvestres
azucenas.
Por elegante
desprecié tu erguida
plenitud,

ODE TO THE ROSE

To the rose,
to this rose,
the one and only,
graceful, open,
mature rose,
to its velvety depths,
to the explosion of its red breast.
They thought,
yes,
they thought
I had renounced you,
that I don't sing to you,
that you aren't mine, rose,
but others',
that I
go through the world
not looking at you,
only
preoccupied
with man
and his conflict.
It's not true, rose,
I love you.
As an adolescent
I preferred spikes of wheat,
pomegranates,
I preferred scratchy flowers
in thickets, and wild
lilies.
Because you were so elegant
I scorned your erect
fullness,

el raso matinal de tu corpiño,
la indolente insolencia
de tu agonía, cuando
dejas caer un pétalo
y con los otros
continúas ardiendo
hasta que se esparció todo el tesoro.

Me perteneces,
rosa,
como todo
lo que hay sobre la tierra,
y no puede
el poeta
cerrar los ojos
a tu copa encendida,
cerrar el corazón a tu fragancia.
Rosa, eres dura:
he visto
caer la nieve en mi jardín:
el hielo
paralizó la vida,
los grandes árboles
quebraron sus ramajes,
solo,
rosal,
sobreviviste,
terco,
desnudo, allí en el frío,
parecido a la tierra,
pariente
del labrador, del barro,
de la escarcha,
y más tarde

the morning satin of your bodice,
the indolent insolence
of your agony, when
you let a petal fall
and with the others
you continue burning
until all your treasure scattered.

You belong to me,
rose,
like all
else on earth,
and the poet
can not
close his eyes
to your flaming cup,
close his heart to your fragrance.
Rose, you are tough:
I have seen
the snow fall in my garden:
the ice
paralyzed life,
the big trees'
branches broke,
only you,
rosebush,
survived,
stubborn,
naked, out in the cold,
similar to the earth,
relative
of the peasant, the mud,
the frost,
and later on

puntual, el nacimiento
de una rosa,
el crecimiento de una llamarada.

Rosa obrera,
trabajas
tu perfume,
elaboras
tu estallido escarlata o tu blancura,
todo el invierno
buscas en la tierra,
excavas
minerales,
minera,
sacas fuego
del fondo
y luego
te abres,
esplendor de la luz, labio del fuego,
lámpara de hermosura.

A mí
me perteneces,
a mí y a todos,
aunque
apenas
tengamos
tiempo para mirarte,
vida para
dedicar a tus llamas
los cuidados,
rosa
eres nuestra,
vienes

punctually, the birth
of a rose,
the growth of a flame.

Worker rose,
you labor at
your perfume,
you fashion
your scarlet burst or your whiteness,
all winter long
you search in the ground,
you dig up
minerals,
miner,
you draw fire
from the bottom
and then you open up,
splendor of light, lip of fire,
beauty's lamp.

To me
you belong,
to me and to all,
though
we scarcely
have
time to look at you,
or life to
devote caring
for your flames,
rose,
you are ours,
you come

del tiempo consumido
y avanzas,
sales de los jardines
al futuro.
Caminas
el camino
del hombre,
inquebrantable y victoriosa eres
un pequeño
capullo de bandera.
Bajo tu resistente y delicado
pabellón de fragancia
la grave tierra derrotó a la muerte
y la victoria fué tu llamarada.

from time consumed
and advance,
you emerge from the gardens
into the future.
You walk along
man's
road,
unbreakable and victorious, you are
a little
budding of a flag.
Under your hardy and delicate
banner of fragrance,
the solemn earth defeated death
and victory was your flame.

ODA A LA MAGNOLIA

Aquí en el fondo
del Brasil profundo,
una magnolia.

Se levantaban
como
boas negras
las raíces,
los troncos de los árboles
eran
inexplicables
columnas con espinas.
Alrededor
las copas
de los mangos
eran
ciudades
anchas, con balcones,
habitadas por
pájaros
y estrellas.
Caían
entre las hojas
cenicientas, antiguas
cabelleras,
flores terribles
con bocas voraces.
Alrededor subía
el silencioso
terror
de animales, de dientes
que mordían:

ODE TO THE MAGNOLIA

Here in the depths
of deepest Brazil,
a magnolia.

The roots
slithered up
like
black boas,
the tree trunks
were
inexplicable
columns with thorns.
Round about
the mango
tree tops
were
widespread
cities, with balconies,
inhabited
by birds
and stars.
Among the ashen
leaves fell ancient
tresses,
terrible flowers
with voracious maws.
Round about mounted
the silent
terror
of animals, with crunching
teeth:

patria desesperada
de sangre y sombra verde!

Una magnolia
pura,
redonda como un círculo
de nieve
subió hasta mi ventana
y me reconcilió con la hermosura.
Entre sus lisas hojas
—ocre y verde—
cerrada,
era perfecta
como un huevo
celeste,
abierta
era la piedra
de la luna,
afrodita fragante,
planeta de platino.
Sus grandes pétalos me recordaron
las sábanas
de la primera luna
enamorada,
y su pistilo
erecto
era torre nupcial
de las abejas.

Oh blancura
entre
todas las blancuras,
magnolia inmaculada,

desperate country
of blood and green shadows!

A pure
magnolia
round
as a circle
of snow
climbed up to my window
and reconciled me with beauty.
Among its smooth leaves,
green and ocher,
closed,
it was perfect
like a heavenly
egg,
open,
it was the stone
of the moon,
fragrant Aphrodite,
platinum planet.
Its large petals reminded me
of the sheets
of the first enamored
moon,
and its erect
pistil
was a nuptial tower
for the bees.

Oh whiteness
among
all whiteness,
immaculate magnolia,

amor resplandeciente,
olor de nieve blanca
con limones,
secreta secretaria
de la aurora,
cúpula
de los cisnes,
aparición radiante!

Cómo
cantarte sin
tocar
tu
piel purísima,
amarte
sólo
al pie
de tu hermosura,
y llevarte
dormida
en el árbol de mi alma,
resplandeciente, abierta,
deslumbrante,
sobre la selva oscura
de los sueños!

resplendent love,
aroma of white snow
with lemons,
secret secretary
of the dawn,
swans'
cupola,
radiant apparition!

How
shall I sing to you
without touching
your
skin, so pure,
love you
only at the feet
of your beauty,
and carry you,
asleep
in the tree of my soul,
resplendent, open,
dazzling,
over the dark forest
of dreams!

ODA A LA ALCACHOFA

La alcachofa
de tierno corazón
se vistió de guerrero,
erecta, construyó
una pequeña cúpula,
se mantuvo
impermeable
bajo -
sus escamas,
a su lado
los vegetales locos
se encresparon,
se hicieron
zarcillos, espadañas,
bulbos conmovedores,
en el subsuelo
durmió la zanahoria
de bigotes rojos,
la viña
resecó los sarmientos
por donde sube el vino,
la col
se dedicó
a probarse faldas,
el orégano
a perfumar el mundo,
y la dulce
alcachofa
allí en el huerto,
vestida de guerrero,
bruñida
como una granada,

ODE TO AN ARTICHOKE

The artichoke
of tender heart
dressed up as a warrior,
erect, constructed
a little dome,
kept itself
waterproof
under
its scales,
by its side
frenzied vegetables
grew curly,
became tendrils, cattails,
astounding bulbs,
in the subsoil
the red mustachioed
carrot slumbered,
the grapevines
dried up their sprouts
where the wine comes from,
the cabbage
busied itself
with trying on skirts,
the oregano
perfuming the world,
and the gentle
artichoke,
there in the garden,
dressed as warrior,
polished
like a
grenade,

orgullosa,
y un día
una con otra
en grandes cestos
de mimbre, caminó
por el mercado
a realizar su sueño:
la milicia.
En hileras
nunca fué tan marcial
como en la feria,
los hombres
entre las legumbres
con sus camisas blancas
eran
mariscales
de las alcachofas,
las filas apretadas,
las voces de comando,
y la detonación
de una caja que cae,
pero
entonces
viene
María
con su cesto,
escoge
una alcachofa,
no le teme,
la examina, la observa
contra la luz como si fuera un huevo,
la compra,
la confunde
en su bolsa

proud,
until one day
with the other artichokes
in great wicker
hampers,
it traveled to market
to realize its dream:
join the militia.
Laid out in rows
it was never so martial
as at the fair,
the men
among the vegetables
with their white shirts
were
field marshals
of the artichokes,
in close formations,
with commando voices,
and the detonation
of a crashing box,
but
then along
comes
Maria
with her basket,
choosing
an artichoke,
unafraid,
she examines and observes it
against the light as if it were an egg,
she buys it,
jumbling it together
in her bag

con un par de zapatos,
con un repollo y una
botella
de vinagre
hasta
que entrando a la cocina
la sumerge en la olla.
Así termina
en paz
esta carrera
del vegetal armado
que se llama alcachofa,
luego
escama por escama
desvestimos
la delicia
y comemos
la pacífica pasta
de su corazón verde.

with a pair of shoes,
a cabbage and a
bottle
of vinegar
until
entering the kitchen,
she plunges it into the pot.
Thus ends
in peace
the career of this armored vegetable
called an artichoke,
then,
scaly leaf by leaf
we strip
the delicious morsel
and eat
the peaceful paste
of its green heart.

ODA A LA CEBOLLA

Cebolla,
luminosa redoma,
pétalo a pétalo
se formó tu hermosura,
escamas de cristal te acrecentaron
y en el secreto de la tierra oscura
se redondeó tu vientre de rocío.
Bajo la tierra
fué el milagro
y cuando apareció
tu torpe tallo verde,
y nacieron
tus hojas como espadas en el huerto,
la tierra acumuló su poderío
mostrando tu desnuda transparencia,
y como en Afrodita el mar remoto
duplicó la magnolia
levantando sus senos,
la tierra
así te hizo,
cebolla,
clara como un planeta,
y destinada
a relucir,
constelación constante,
redonda rosa de agua,
sobre
la mesa
de las pobres gentes.

Generosa
deshaces

ODE TO THE ONION

Onion,
luminous phial,
petal by petal
your beauty was formed,
crystal scales made you larger
and in the secret of the dark earth
your glistening belly grew round.
Under the earth
the miracle took place
and when your gawky
green stalk appeared,
and your leaves
like swords in the garden were born
the earth added to its riches,
displaying your nude transparency,
and as the faraway sea in Aphrodite
duplicated the magnolia,
lifting up her breasts,
so the earth
made you,
onion,
clear as a planet,
destined
to shine,
constant constellation,
round water rose,
on
the table
of the poor folk.

Generous,
you dissolve

tu globo de frescura
en la consumación
ferviente de la olla,
y el jirón de cristal
al calor encendido del aceite
se transforma en rizada pluma de oro.

También recordaré como fecunda
tu influencia el amor de la ensalada,
y parece que el cielo contribuye
dándote fina forma de granizo
a celebrar tu claridad picada
sobre los hemisferios de un tomate.
Pero al alcance
de las manos del pueblo,
regada con aceite,
espolvoreada
con un poco de sal,
matas el hambre
del jornalero en el duro camino.

Estrella de los pobres,
hada madrina
envuelta
en delicado
papel, sales del suelo,
eterna, intacta, pura
como semilla de astro,
y al cortarte
el cuchillo en la cocina
sube la única lágrima
sin pena.
Nos hiciste llorar sin afligirnos.
Yo cuanto existe celebré, cebolla,

your globe of freshness,
are fervently
consumed in the stewpot,
and the crystal shred
kindled by the heat of the oil
turns into a curly golden feather.

I'll also recall how your influence
enlivens the salad's love,
and seemingly heaven contributes,
giving you the fine form of hail,
celebrating your neatly-chopped brightness
on the hemispheres of a tomato.
But within reach
of the common people's hands,
doused with oil,
sprinkled with a pinch of salt,
you kill the day laborer's
hunger traveling on his harsh road.

Star of the poor,
fairy godmother
wrapped
in delicate
paper, you emerge from the ground,
eternal, intact, pure
as the seed of a star,
and when the kitchen knife
cuts into you,
we shed our only tear
without sadness.
You made us cry, but not from sorrow.
All things I've lauded, onion,

pero para mí eres
más hermosa que un ave
de plumas cegadoras,
eres para mis ojos
globo celeste, copa de platino,
baile inmóvil
de anémona nevada

y vive la fragancia de la tierra
en tu naturaleza cristalina.

but you are to me
lovelier than a bird
of blinding plumage,
in my eyes you are
celestial globe, platinum cup,
the motionless dance
of a snow-white anemone

and the fragrance of the earth lives on
in your crystalline essence.

ODA AL CACTO DE LA COSTA

Pequeña
masa pura
de espinas estrelladas,
cacto de las arenas,
enemigo,
el poeta
saluda
tu salud erizada:
en invierno
te he visto:
la bruma carcomiendo
el roquerío,
los truenos
del oleaje
caían
contra Chile,
la sal tumbando estatuas,
el espacio
ocupado
por las arrolladoras
plumas de la tormenta,
y tú,
pequeño
héroe
erizado,
tranquilo
entre dos piedras,
inmóvil,
sin ojos y sin hojas,
sin nidos y sin nervios,
duro, con tus raíces
minerales

ODE TO THE SEASHORE CACTUS

Little
pure mass
of star-shaped thorns,
cactus of the sands,
enemy,
the poet
salutes
your prickly health:
in winter
I've seen you:
the fog eating away
the rock formations,
the thundering
waves
fall
against Chile,
the salt knocking down statues,
space
occupied
by the sweeping
plumes of the storm,
and you,
little
spiny
hero,
tranquil
between two stones,
immobile,
eyeless and leafless,
without nests or nerves,
tough, with your mineral
roots

como argollas terrestres
metidas
en el hierro del planeta,
y encima
una cabeza
una minúscula
y espinosa cabeza
inmóvil,
firme, pura,
sola en la trepidante oceanía,
en el huracanado territorio.

Más tarde Agosto llega
la primavera duerme
confundida en el frío
del hemisferio negro,
todo en la costa tiene
sabor negro,
las olas
se repiten
como pianos,
el cielo
es una nave
derribada, enlutada,
el mundo es un naufragio,
y entonces
te escogió la primavera
para volver
a ver
la luz sobre la tierra
y asoman
dos gotas de la sangre
de su parto

like earthly rings
stuck
in the iron of the planet,
and above
a head,
a miniscule
thorny head,
immobile,
firm, pure
alone in the vibrating expanse of ocean,
in the tempestuous territory,

Later August arrives,
springs slumbers,
confounded in the cold
of the black hemisphere,
everything on the coast has
a black flavor,
the waves
repeat themselves
like pianos,
the sky
is a demolished
ship, dressed in mourning,
the world is a shipwreck,
and then
spring chose you
to see
again
light on earth,
and two drops of blood
appear
at its birth

en dos de tus espinas solitarias,
y nace
allí
entre piedras,
entre tus alfileres,
nace
de nuevo
la marina
primavera,
la celeste y terrestre
primavera.

Allí, de todo
lo que existe, fragante,
aéreo, consumado,
lo que tiembla en las hojas
del limonero o entre
los aromas dormidos
de la imperial magnolia,
de todo lo que espera
su llegada,
tú, cacto de las arenas,
pequeño bruto inmóvil,
solitario,
tú fuiste el elegido
y pronto
antes de que otra flor te desafiara
los botones
de sangre
de tus sagrados dedos
se hicieron flor rosada,
pétalos milagrosos.

in two of your solitary thorns,
and there
is born
among the stones,
among your pins,
the marine
spring
is born
again,
celestial and terrestrial
spring.

There, of all
that exists, fragrant,
airy, consummate,
what trembles in the leaves
of the lemon tree or among
the dormant redolence
of the imperial magnolia,
of all that waits for
its arrival,
you, cactus of the sands,
tiny immobile brute,
solitary,
you were the chosen one,
and soon
before any other flower could challenge you,
the blood-red
buds
of your sacred fingers
turned into pink flowers,
miraculous petals.

Así es la historia,
y ésta
es la moral
de mi poema:
donde
estés, donde vivas,
en la última
soledad de este mundo,
en el azote
de la furia terrestre,
en el rincón
de las humillaciones,
hermano,
hermana,
espera,
trabaja
firme
con tu pequeño ser y tus raíces.

Un día
para ti,
para todos,
saldrá
desde tu corazón un rayo rojo,
florecerás también una mañana;
no te ha olvidado hermano,
hermana,
no te ha olvidado,
nó,
la primavera:
yo te lo digo,
yo te lo aseguro,
porque el cacto terrible,
el erizado

That's the story,
and this
is the moral
of my poem:
wherever
you are, wherever you live,
in the uttermost
solitude of this world,
in the whip
of earthly fury,
in the corner
of humiliations,
brother,
sister,
wait,
work
hard
with your small being and your roots.

One day,
for you,
for all,
a red ray will emerge
from your heart,
you too will flower some morning;
no,
spring
has not forgotten you, brother,
nor forgotten you,
sister,
I tell you,
I assure you,
for the terrible cactus,
the spiny

hijo de las arenas,
conversando
conmigo
me encargó este mensaje
para tu corazón desconsolado.

Y ahora
te lo digo
y me lo digo:
hermano, hermana,
espera
estoy seguro:
No nos olvidará la primavera.

son of the sands,
conversing
with me,
charged me with this message
for your disconsolate heart.

And now
I tell you
and tell myself:
brother, sister,
wait,
I'm sure:
spring will not forget us.

EARTH, SEA
&
SKY

ODA A LA PIEDRA

América elevada
por la piedra
andina:
de piedra libre
y
solitario viento
fuiste,
torre oscura
del mundo,
desconocida madre
de los ríos,
hasta que desató el picapedrero
su cintura morena
y las antiguas manos
cortaron piedra
como
si cortaran luna,
granito espolvoreado
por las olas,
sílice trabajada por el viento.

Plutónico
esqueleto
de aquel
mundo,
cumbres ferruginosas,
alturas de diamante,
todo
el
anillo
de la
furia
helada,

ODE TO THE STONE

America, lofty
in its Andean
stone:
of free stone
and
solitary wind
you were,
a dark tower
of the world,
unknown mother
of rivers,
until the stonecutter chipped away,
loosening your dark waist,
and ancient hands
cut stone
as if
they were cutting the moon,
granite scattered
by the waves,
silica wrought by the wind.

Plutonic
skeleton
of that
world,
mountain peaks shot with iron,
diamond heights,
all
the
ring
of the
icy
fury,

allá arriba durmiendo
entre sábana y sábana
de nieve
entre soplo y silbido,
de huracanes.

Arriba
cielo
y piedra,
lomos grises,
nuestra
terrible
herencia encarnizada,
trenzas,
molinos,
torres,
palomas y banderas
de piedra verde,
de
agua endurecida,
de rígidas
catástrofes,
piedra nevada,
cielo nevado
y nieve.

La piedra fue la proa,
se adelantó al latido de la tierra,
el ancho continente
americano
avanzó a cada lado
del granito
los ríos
en la cuenca

sleeping there above
between sheet and sheet
of snow,
between gust and whistle
of hurricanes.

Above
heaven
and stone,
gray backs,
our
terrible
hard-fought inheritance,
flowing tresses,
windmills,
towers,
doves and flags
of green stone,
of
hardened water,
of rigid
catastrophes,
snowcapped stone,
snowclad sky,
and snow.

Stone was the prow,
before the earth's heartbeat,
the wide American
continent
advanced on each side
of the granite,
the rivers
were born

de la roca
nacieron.
Las águilas oscuras
y los pájaros de oro
soltaron sus destellos,
cavaron
un duro nido abierto
a picotazos
en la nave de piedra.
Polvo y arena frescos
cayeron
como plumas
sobre
las playas del planeta
y la humedad
fue un beso.
El beso de la vida
venidera
fue colmando la copa
de la tierra.
Creció el maíz y derramó su especie.
Los mayas estudiaron sus estrellas.
Celestes edificios
hoy
en el polvo abiertos
como antiguas
granadas
cuyos granos
cayeron,
cuyos viejos destellos de amaranto
en la tierra profunda se gastaron.
Casas talladas en
piedra peruana,
dispuestas en el filo

in the watershed
of the rock.
The dark eagles
and golden birds
let loose their flashes,
dug
a hard open nest,
pecking
at the ship of stone.
Fresh dust and sand
fell
like feathers
over
the planet's beaches,
and the humidity
was a kiss.
The kiss of life
to come
was filling the earth's
cup.
Corn grew and spread its species.
The Mayas studied their stars.
Celestial buildings
today
in the dust open
like ancient
pomegranates
whose seeds
dropped,
whose old amarynth glitters
wore away deep down in the earth.
Houses carved
in Peruvian stone,
laid out along the edge

de las cumbres
como hachas de la noche
o nidos de obsidiana,
casas desmoronadas en que aún
la roca es una estrella
dividida,
un fulgor que palpita
sobre la destrucción de su sarcófago.
Constelas
todo
nuestro
territorio,
luz
de la piedra,
estrella vertebrada,
frente de nieve en donde
golpea el aire andino.

América,
boca
de piedra muda,
aún hablas con tu lengua perdida,
aún hablarás, solemne,
con nueva
voz
de piedra.

of the peaks
like nocturnal hatchets
or obsidian nests,
crumbled houses in which the rock is still a divided
star,
a flash throbbing
over the destruction of its sarcophagus.
You glitter
all over
our
territory,
light
of stone,
vertebrate star,
front of snow buffeted
by the Andean wind.

America,
mouth
of mute stone,
you still speak with your lost tongue,
you still will speak, solemnly,
with a new
voice
of stone.

ODA AL ACEITE

Cerca del rumoroso
cereal, de las olas
del viento de las avenas,

el olivo

de volumen plateado,
severo en su linaje,
en su torcido
corazón terrestre:
las gráciles
olivas
pulidas
por los dedos
que hicieron
la paloma
y el caracol
marino:
verdes,
innumerables,
purísimos
pezones
de la naturaleza,
y allí
en
los secos
olivares,
donde
tan sólo
cielo azul con cigarras,
y tierra dura
existen,

ODE TO OIL

Near the rustling
grain, near the waves
of wind in the oatfields

the olive tree

of silvery volume,
severe in its lineage,
in its twisted
terrestrial heart:
graceful
olives
polished
by the fingers
that made
the dove
and the seashell:
green,
innumerable,
pure, pure
nipples
of nature,
and there
in
the dry
olive groves,
where
only
blue sky with cicadas
and harsh land
exist,

allí
el prodigio,
la cápsula
perfecta
de la oliva
llenando
con sus constelaciones el follaje:
más tarde
las vasijas,
el milagro,
el aceite.

Yo amo
las patrias del aceite,
los olivares
de Chacabuco, en Chile,
en la mañana
las plumas de platino
forestales
contra las arrugadas
cordilleras,
en Anacapri, arriba,
sobre la luz tirrena,
la desesperación de los olivos,
y en el mapa de Europa,
España,
cesta negra de aceitunas
espolvoreada por los azahares
como por una ráfaga marina.

Aceite
recóndita y suprema
condición de la olla,
pedestal de perdices,

there
the prodigy,
the perfect
capsule
of the olive
filling the foliage with its constellations:
later,
the casks,
the miracle,
oil.

I love
the homelands of oil,
the Chacabuco olive
groves, in Chile,
in the morning
the feathery forest
of platinum
against the wrinkled
mountain range,
in Anacapri, high above
over the Tyrrhenian lit sky,
the desperation of the olive trees,
and on the map of Europe,
Spain,
black basket of olives
dusted with orange blossoms
as if by a gust of wind from the sea.

Oil,
hidden and most important
ingredient of the stew,
base for partridges,

llave celeste de la mayonesa,
suave y sabroso
sobre las lechugas
y sobrenatural en el infierno
de los arzobispales pejerreyes.
Aceite, en nuestra voz, en
nuestro coro,
con
íntima
suavidad poderosa
cantas:
eres idioma
castellano:
hay sílabas de aceite,
hay palabras
útiles y olorosas
como tu fragante materia.
No sólo canta el vino,
también canta el aceite,
vive en nosotros con su luz madura
y entre los bienes de la tierra
aparto,
aceite,
tu inagotable paz, tu esencia verde,
tu colmado tesoro que desciende
desde los manantiales del olivo.

celestial key to mayonnaise,
smooth and savory
on lettuce leaves,
and supernatural in the hell
of archiepiscopal mackerel.
Oil, with our voice,
our chorus,
with
intimate
powerful smoothness
you sing:
you are the Castillian
tongue:
there are syllables of oil,
there are words,
useful and aromatic
like your fragrant substance.
Not only the wine sings,
but the oil sings too,
living in us with its mature light,
and among the riches of the earth,
I set you aside,
oil,
for your boundless peace, your green essence,
your abundant treasure flowing down
from the springs of the olive tree.

ODA AL ELEFANTE

Espesa bestia pura,
San Elefante,
animal santo
del bosque sempiterno,
todo materia fuerte
fina
y equilibrada,
cuero
de
talabartería planetaria,
marfil
compacto, satinado,
sereno
como
la carne de la luna,
ojos mínimos
para mirar, no para ser mirados,
y trompa
tocadora,
corneta
del contacto,
manguera
del
animal
gozoso
en
su
frescura,
máquina movediza,
teléfono del bosque,
y así
pasa tranquilo

ODE TO THE ELEPHANT

Thickset pure beast,
St. Elephant,
holy animal
of everlasting forest,
all stout material,
fine
and counterpoised,
hide
of
planetary saddle leather,
ivory
compact and satinsmooth,
serene
like
the flesh of the moon,
minimal eyes,
to see with, but not be seen,
and sonorous
trunk,
horn
for touching,
waterspout
of the
animal
jubilant
in
its
cool freshness,
moving machine,
jungle telephone,
and so
he ambles by

y bamboleante
con su vieja envoltura,
con su ropaje
de árbol arrugado,
su pantalón
caído
y su colita.

No nos equivoquemos.
La dulce y grande bestia de la selva
no es el clown,
sino el padre,
el padre en la luz verde,
es el antiguo
y puro
progenitor terrestre.

Total fecundación,
tantálica
codicia,
fornicación
y piel
mayoritaria,
costumbres
en la lluvia
rodearon
el reino
de los elefantes,
y fue
con sal
y sangre
la genérica guerra
en el silencio.

calmly swaying
clad in his ancient wrapper,
with his raiment
of wrinkled tree,
his pants
fallen down
and his little tail.

Let's make no mistake.
The gentle, great jungle beast
is no clown,
he's the father,
patriarch in the green light,
the ancient
and pure
earthly progenitor.

Total fruitfulness,
the greed
of Tantalus,
fornication
and above all
skin,
customs
in the rain
encompassed
the kingdom
of the elephants,
and with salt
and blood
they waged
their generic war
in silence.

Las escamosas formas,
el lagarto león,
el pez montaña,
el milodonto cíclope,
cayeron,
decayeron,
fueron fermento verde en el pantano,
tesoro
de las tórridas moscas,
de escarabajos crueles.
Emergió el elefante
del miedo destronado.
Fue casi vegetal, oscura torre
del firmamento verde,
y de hojas dulces, miel
y agua de roca
se alimentó su estirpe.

Iba pues por la selva
el elefante con su paz profunda.
Iba condecorado
por
las órdenes más claras
del rocío,
sensible
a la
humedad
de su universo,
enorme, triste y tierno
hasta que lo encontraron
y lo hicieron
bestia de circo envuelta
por el olor humano,
sin aire para su intranquila trompa,

The scaly forms,
the lizard/lion,
the mountainous fish,
the Cyclopean ground sloth,
fell down,
decayed,
became green ferment in the swamp,
treasure
for the tropical flies,
the cruel beetles.
The elephant emerged
shorn of fear.
Almost vegetal, a dark tower
in the green firmament,
and his offspring were nourished
by sweet leaves, honey
and water from the rocks.

So the elephant lumbered
most peacefully through the jungle,
condecorated
with
the clearest orders
of the dew,
sensitive
to the
humidity
of his universe,
enormous, sad and tender,
until men found him
and made him
a circus beast
enveloped by human smells,
with no air space for his restless trunk,

sin tierra para sus terrestres patas.
Lo vi entrar aquel día,
y lo recuerdo como a un moribundo,
lo ví entrar al Kraal, al perseguido.
Fue en Ceylán, en la selva.
Los tambores,
el fuego
habían desviado
su ruta de rocío,
y allí fue rodeado.
Entre el aullido y el silencio entró
como un inmenso rey. No comprendía.
Su reino era una cárcel, sin embargo
era el sol como siempre, palpitaba
la luz libre, seguía verde el mundo,
con lentitud tocó la empalizada,
no las lanzas, y a mí,
a mí entre todos,
no sé, tal vez no pudo ser, no ha sido,
pero, a mí me miró
con sus ojos secretos
y aún me duelen
los ojos
de aquel encarcelado,
de aquel inmenso rey preso en su selva.

Por eso hoy rememoro tu mirada,
elefante perdido
entre las duras lanzas
y las hojas
y en tu honor, bestia pura,
levanto los collares
de mi oda
para que te pasees

no earth for his terrestrial feet.
I saw him go in that day
and remember him in agony,
I saw him, the hunted one, enter the stockade.
It was in Ceylan in the jungle.
The drums,
the fire
had altered
his dew-splashed route,
and there he was surrounded.
Midst the howling and the silence he went in
like an immense king, uncomprehending.
His kingdom was a jail, but
the sun shone as ever, the free light
fluttered, the world was still green,
slowly he touched the palisade,
and looked at me, not the lances,
at me among all the crowd,
I don't know, maybe it wasn't so, didn't happen,
but he looked at me
with his secretive eyes,
and those
jailbird eyes
still hurt me,
that immense king a prisoner in his jungle.

That's why now I recall your look,
elephant lost
between the flinty lances
and the forest leaves,
and in your honor, pure beast,
I lift up the hoops
of my ode
so you may stroll

por el mundo
con mi infiel poesía
que entonces no podía defenderte,
pero que ahora
junta
en el recuerdo
la empalizada en donde aprisionaron
el honor animal de tu estatura
y aquellos dulces ojos de elefante
que allí perdieron todo lo que habían amado.

through the world
with my unfaithful verses
which then could not defend you,
but which now
bring together
in memory
the stockade where they imprisoned
your honored animal stature
and those gentle elephant eyes
which lost there all they had loved.

Pablo Neruda

ODA AL PERRO

El perro me pregunta
y no respondo.
Salta, corre en el campo y me pregunta
sin hablar
y sus ojos
son dos preguntas húmedas, dos llamas
líquidas que interrogan
y no respondo,
no respondo porque
no sé, no puedo nada.

A campo pleno vamos
hombre y perro.

Brillan las hojas como
si alguien
las hubiera besado
una por una,
suben del suelo
todas las naranjas
a establecer
pequeños planetarios
en árboles redondos
como la noche, y verdes,
y perro y hombre vamos
oliendo el mundo, sacudiendo el trébol,
por el campo de Chile,
entre los dedos claros de setiembre.
El perro se detiene,
persigue las abejas,
salta el agua intranquila,
escucha lejanísimos

ODE TO THE DOG

The dog asks me
and I have no answer.
He jumps, scampers through the fields
and wordlessly asks me,
and his eyes
are two wet question marks, two liquid
interrogating flames,
and I've no answer,
no answer because
I don't know, I just can't.

Cross country we go
man and dog.

The leaves glisten as
if someone
had kissed them
one by one,
all the oranges
climb from the ground
to establish
little planetariums
in trees round
as the night, and green,
and man and dog we go
sniffing the world, parting the clover,
through the fields of Chile,
between September's clear fingers.
The dog comes to a halt,
chases after bees,
leaps over gushing brooks,
perks up his ears at far off

ladridos,
orina en una piedra
y me trae la punta de su hocico,
a mí, como un regalo.
Es su frescura tierna,
la comunicación de su ternura,
y allí me preguntó
con sus dos ojos,
por qué es de día, por qué vendrá la noche,
por qué la primavera
no trajo en su canasta
nada
para perros errantes,
sino flores inútiles,
flores, flores y flores.
Y así pregunta
el perro
y no respondo.

Vamos
hombre y perro reunidos
por la mañana verde,
por la incitante soledad vacía
en que sólo nosotros
existimos,
esta unidad de perro con rocío
y el poeta del bosque,
porque no existe el pájaro escondido,
ni la secreta flor,
sino trino y aroma
para dos compañeros,
para dos cazadores compañeros:
un mundo humedecido
por las destilaciones de la noche,

barking,
urinates on a rock,
and brings me the point of his nose,
like a gift.
It's his tender coolness,
conveying his tenderness,
and there he asked me
with his two eyes,
why it's daytime, why night comes,
why spring brought
nothing
in its basket
for roaming dogs,
but useless flowers,
flowers, flowers, flowers.
And so the dog
asks
and I have no answer.

We go
man and dog together
through the green morning,
the rousing empty solitude
where only we
exist,
this unity of dew and dog
and poet of the forest,
for the hidden bird does not exist,
nor the secret flower,
just trill and fragrance
for the two companions,
the two hunting companions:
a world humid
with the essences of night,

un túnel verde y luego
una pradera,
una ráfaga de aire anaranjado,
el susurro de las raíces,
la vida caminando,
respirando, creciendo,
y la antigua amistad,
la dicha
de ser perro y ser hombre
convertida
en un solo animal
que camina moviendo
seis patas
y una cola
con rocío.

a green tunnel and then
a meadow,
a whiff of orange-scented air,
the rustle of roots,
life walking,
breathing, growing,
and the age-old friendship,
the joy
of being man and dog
converted
into a single animal
walking along moving
six legs
and a tail
splashed with dew.

ODA AL PICAFLOR

Al colibrí,
volante
chispa de agua,
incandescente gota
de fuego
americano,
resumen
encendido
de la selva,
arco iris
de precisión
celeste:
al
picaflor
un arco,
un
hilo
de oro,
una fogata
verde!

Oh
mínimo
relámpago
viviente,
cuando
se sostiene
en el aire
tu
estructura
de polen,
pluma

ODE TO THE HUMMINGBIRD

To the hummingbird,
flying
spark of water,
incandescent drop
of American
fire,
flaming
resume
of the jungle,
rainbow
of celestial
precision:
to the
hummingbird
an arc,
a
golden
thread,
a green
bonfire!

Oh
tiny,
living
lightning flash,
when
your
structure
of pollen,
feathers,
or ember
hovers

o brasa,
te pregunto,
qué cosa eres,
en dónde
te originas?
Tal vez en la edad ciega
del diluvio,
en el lodo
de la fertilidad,
cuando
la rosa
se congeló en un puño de antracita
y se matricularon los metales,
cada uno en
su secreta
galería,
tal vez entonces
del reptil
herido
rodó un fragmento,
un átomo
de oro,
la última
escama cósmica, una
gota
del incendio terrestre
y voló
suspendiendo tu hermosura,
tu iridiscente
y rápido zafiro.

Duermes
en una nuez,

in the air,
I ask you
what you are,
where did you
come from?
Perhaps in the blind age
of the flood,
in the mud
of fertility,
when
the rose
froze into a fist of anthracite
and metals were fashioned,
each one in
its secret
gallery,
perhaps
from the wounded
reptile
a fragment rolled off,
an atom
of gold,
the last
cosmic lizard scale,
a drop
of earthly fire,
and flew away,
holding your beauty in suspension,
your iridescent
and swift sapphire.

You sleep
in a nutshell,

cabes en una
minúscula corola,
flecha,
designio,
escudo,
vibración
de la miel, rayo del polen,
eres
tan valeroso
que el halcón
con su negra emplumadura
no te amedrenta:
giras
como luz en la luz,
aire en el aire,
y entras
volando
en el estuche húmedo
de una flor temblorosa
sin miedo
de que su miel nupcial te decapite.

Del escarlata al oro espolvoreado,
al amarillo que arde,
a la rara
esmeralda cenicienta,
al terciopelo anaranjado y negro
de tu tornasolado corselete,
hasta el dibujo
que como
espina de ámbar
te comienza,
pequeño ser supremo,
eres milagro,

you fit
in a miniscule corolla,
arrow,
design,
shield,
honey
vibration, pollen ray,
you are
so brave,
that the jet-plumed
falcon
doesn't frighten you:
you wheel
like light in light,
air in air,
you enter
aflutter
in the moist jewelbox
of a tremulous flower,
unafraid that
its nuptial honey could sever your head.

From scarlet to speckled gold,
to flaming yellow,
to the rare
ashen emerald green,
to the orange and black velvet
of your iridescent corselet,
to the sketch
which like
an amber thorn
you originate from,
tiny supreme being,
you are a miracle,

y ardes
desde
California caliente
hasta el silbido
del viento amargo de la Patagonia.
Semilla del sol
eres,
fuego
emplumado,
minúscula
bandera
voladora,
pétalo de los pueblos que callaron,
sílaba
de la sangre enterrada,
penacho
del antiguo
corazón
sumergido.

and you blaze
from
sunbaked California
to the whistling
bitter winds of Patagonia.
Seed of the sun
you are,
feathery
fire,
minuscule
flying
flag,
petal of people now silenced,
syllable
of buried blood,
crest
of the ancient
submerged
heart.

ODA AL MAR

Aquí en la isla
el mar
y cuánto mar
se sale de sí mismo
a cada rato,
dice que sí, que no,
que no, que no, que no,
dice que sí, en azul,
en espuma, en galope,
dice que no, que no.
No puede estarse quieto,
me llamo mar repite
pegando en una piedra
sin lograr convencerla,
entonces
con siete lenguas verdes
de siete perros verdes,
de siete tigres verdes,
de siete mares verdes,
la recorre, la besa,
la humedece
y se golpea el pecho
repitiendo su nombre.
Oh mar, así te llamas,
oh camarada océano,
no pierdas tiempo y agua,
no te sacudas tanto,
ayúdanos,
somos los pequeñitos
pescadores,
los hombres de la orilla,
tenemos frío y hambre,

ODE TO THE SEA

Here on the island
the sea —
and how much sea —
can't contain itself,
at every moment,
says yes, then no,
says no, no, no,
says yes, in blue,
in foam, at a gallop,
says no, and no.
It can't stay still,
my name's sea, it repeats,
smashing on a rock
unable to convince it,
then,
with seven green tongues
of seven green hounds,
of seven green tigers,
of seven green seas,
it goes all over,
kissing and soaking the rock,
beating its breast,
repeating its name.
Oh, sea, that's your name,
oh ocean comrade,
don't waste time and water,
don't shake yourself so much,
help us out,
we're the tiny little
fishermen,
the men on shore,
we're cold and hungry,

eres nuestro enemigo,
no golpees tan fuerte,
no grites de ese modo,
abre tu caja verde
y déjanos a todos
en las manos
tu regalo de plata:
el pez de cada día.

Aquí en cada casa
lo queremos
y aunque sea de plata,
de cristal o de luna,
nació para las pobres
cocinas de la tierra.
No lo guardes,
avaro,
corriendo frío como
relámpago mojado
debajo de tus olas.
Ven, ahora,
ábrete
y déjalo
cerca de nuestras manos,
ayúdanos, océano,
padre verde y profundo,
a terminar un día
la pobreza terrestre.
Déjanos
cosechar la infinita
plantación de tus vidas,
tus trigos y tus uvas,
tus bueyes, tus metales,
el esplendor mojado

you are the enemy,
don't hit so hard,
don't roar like that,
open your green box
and leave us all
in our hands
your silver present:
our daily fish.

Here in every house
we want it,
though it may be of silvery,
of crystal or moon,
it was born for the poor
kitchens of the world.
Don't hold on to it,
miser,
rushing cold as
wet lightning
under your waves.
Come, now,
open up
and leave it
near our hands,
help us, ocean,
deep green father
to some day end
poverty on this earth.
Let us
harvest the infinite
plantations of your lives,
your wheat and grapes,
your oxen and metals,
the moist splendor

y el fruto sumergido.

Padre mar, ya sabemos
cómo te llamas, todas
las gaviotas reparten
tu nombre en las arenas:
ahora, pórtate bien,
no sacudas tus crines,
no amenaces a nadie,
no rompas contra el cielo
tu bella dentadura,
déjate por un rato
de gloriosas historias,
danos a cada hombre,
a cada
mujer y a cada niño,
un pez grande o pequeño
cada día.
Sal por todas las calles
del mundo
a repartir pescado
y entonces
grita,
grita
para que te oigan todos
los pobres que trabajan
y digan,
asomando a la boca
de la mina:
"Ahí viene el viejo mar
repartiendo pescado".
Y volverán abajo,
a las tinieblas,
sonriendo, y por las calles

and submerged fruit.

Father sea, now we know
what you're called, all
the seagulls shrill
your name across the sands:
now, behave yourself,
don't toss your mane,
don't threaten anyone,
don't break your lovely
set of teeth against the sky,
forget your glorious
history for a moment,
give each man,
each
woman and child,
a big or small fish
every day.
Go forth on every street
in the world
to dole out fish,
and then
shout,
shout
so all the working
poor can hear you,
and say,
appearing at the mouth
of the mine:
"Here comes the old sea
doling out fish."
And they'll go back down
into the darkness,
smiling, and in the streets

y los bosques
sonreirán los hombres
y la tierra
con sonrisa marina.

Pero
si no lo quieres,
si no te da la gana,
espérate,
espéranos,
lo vamos a pensar,
vamos en primer término
a arreglar los asuntos
humanos,
los más grandes primero,
todos los otros después,
y entonces
entraremos en ti,
cortaremos las olas
con cuchillo de fuego,
en un caballo eléctrico
saltaremos la espuma,
cantando
nos hundiremos
hasta tocar el fondo
de tus entrañas,
un hilo atómico
guardará tu cintura,
plantaremos
en tu jardín profundo
plantas
de cemento y acero,
te amarraremos
pies y manos,

and forests
men and the earth
will smile
with a marine smile.

But
if you don't want to,
if you don't feel like it,
wait,
wait for us,
we'll think it over,
first we're going to
fix human
concerns,
the biggest first,
all the others later on,
and then
we'll enter you,
we'll cut the waves
with a fiery knife,
on an electric horse
we'll leap over the foam,
singing
we'll sink down
until we touch the bottom
of your entrails,
an atomic thread
will guard your waist,
we'll plant
in the depths of your garden
plants
of cement and steel,
we'll tie you
hand and foot,

los hombres por tu piel
pasearán escupiendo,
sacándote racimos,
construyéndote arneses,
montándote y domándote,
dominándote el alma.
Pero eso será cuando
los hombres
hayamos arreglado
nuestro problema,
el grande,
el gran problema.
Todo lo arreglaremos
poco a poco:
te obligaremos mar,
te obligaremos tierra
a hacer milagros,
porque en nosotros mismos,
en la lucha,
está el pez, está el pan,
está el milagro.

men will pass by
spitting on your skin,
yanking out your fruit clusters,
building you harnesses,
mounting and taming you,
controlling your soul.
But that will be when
we men
have fixed
our problem,
the big one,
the big problem.
We'll fix it all
little by little:
we'll force you, sea,
we'll force you, earth
to perform miracles,
because in ourselves,
in the struggle,
lie the fish, the bread,
the miracle.

Pablo Neruda

ODA A LA ARENA

Arena pura, cómo
se acumuló, impalpable,
tu grano dividido
y cinturón del mar, copa del mundo,
pétalo planetario,
fuiste reuniendo frente al alarido
de olas y aves salvajes
tu anillo eterno y tu unidad oscura?

Arena, madre
eres
del océano,
él en tu piedra innumerable
depositó el racimo de la especie,
hiriendo
con sus gritos seminales
de toro verde tu naturaleza.
Desnudo sobre
tu fragmentaria piel
siento
tu beso, tu susurro
recorriéndome
más ceñidos que el agua,
el aire, el tiempo,
plegándose
a las líneas de mi cuerpo,
volviéndome a formar
y cuando
sigo errando
por la playa marina
el hueco de mi ser queda un instante
en tu memoria, arena,

ODE TO SAND

Pure sand, how did you
accumulate, impalpable,
your divided grain
and sea belt, cup of the world,
planetary petal?
Were you gathering by the scream
of the waves and the wild birds
your eternal ring and dark unity?

Sand, you are
mother
of the ocean,
which in your innumerable rocks
deposited the seed of the species,
wounding
your nature with its green
bull's seminal roars.
Naked on
your fragmentary skin
I feel
your kiss, your murmur
running over me,
tighter than water,
air and time,
folding
into the lines of my body,
forming me again,
and when
I continue roving
along the sea beach
the impress of my being stays for an instant
in your memory, sand,

211

hasta que aire
ola
o noche
borren mi peso gris en tu dominio.
Sílice demolida,
mármol disperso, aro
desgranado,
polen
de la profundidad,
polvo marino,
te elevas
en las dunas
plateadas
como
gargantas
de paloma,
te extiendes
en el desierto,
arena
de la luna,
sin límite,
circular y brillante
como un anillo,
muerta,
sólo silencio
hasta que el viento silba
y aterrador acude
sacudiendo
la piedra demolida,
la sábana
de sal y soledad,
y entonces
la enfurecida arena
suena como un castillo

until air,
wave
or night
erase my grey stamp in your domain.
Demolished silica,
scattered marble, crumbling
hoop,
pollen
from the sea depths,
marine dust,
you rise
in the silvery
dunes
like
the throat
of a dove,
you extend
in the desert,
sand
of the moon,
limitless,
circular and brilliant
like a ring,
dead,
only silence
until the wind whistles
and terrifyingly appears,
shaking
the pulverized stone,
the sheet
of salt and solitude,
and then
the sand, enraged,
sounds like a castle

atravesado
por una racha de violines,
por una tumultuosa
velocidad de espada en movimiento.

Caes
hasta que el hombre
te recoge
en su pala
y a la mezcla
del edificio
serenamente acudes
regresando
a la piedra,
a la forma,
construyendo
una
morada
reunida de nuevo
para servir
la voluntad del hombre.

crossed
by a squall of violins,
by the tumultuous velocity
of a sword in movement.

You fall
until man
gathers you
up with his spade
and in the building
mixture
serenely you appear,
returning
to stone,
to form,
building
a
dwelling
joined together again
to serve
the will of man.

LA TORTUGA

La tortuga que
anduvo
tanto tiempo
y tanto vió
con
sus
antiguos
ojos,
la tortuga
que comió
aceitunas
del más profundo
mar
la tortuga que nadó
siete siglos
y conoció
siete
mil
primaveras,
la tortuga
blindada
contra
el calor
y el frío,
contra
los rayos y las olas,
la tortuga
amarilla
y plateada,
con severos
lunares
ambarinos

THE TURTLE

The turtle
that ambled along
for so much time
and saw so much
with
her
ancient
eyes,
the turtle
that ate
olives
from the depths
of the sea,
the turtle that swam
for seven centuries
and knew
seven
thousand
springtimes,
the turtle
armored
against
heat
and cold,
against
lightning and waves,
the turtle
yellow
and silvery,
with harsh
amber
blotches

y pies de rapiña,
la tortuga
se quedó
aquí
durmiendo,
y no lo sabe.

De tan vieja
se fue
poniendo dura,
dejó
de amar las olas
y fue rígida
como una plancha de planchar.
Cerró
los ojos que
tanto
mar, cielo, tiempo y tierra
desafiaron,
y se durmió
entre las otras
piedras.

and clawlike feet,
the turtle
fell
asleep
here,
unwittingly.

She was so old
that she began
to grow stiff,
she stopped
loving the waves
and turned rigid,
as a flatiron for ironing.
She closed
her eyes that
had defied
so much
sea and sky, time and terrain,
and fell asleep
among the other
stones.

ODA A LAS ALGAS DEL OCÉANO

No conocéis tal vez
las desgranadas
vertientes
del océano.
En mi patria
es la luz
de cada día.
Vivimos
en el filo
de la ola,
en el olor del mar,
en su estrellado vino.

A veces
las altas
olas
traen
en la palma
de una
gran mano verde
un tejido
tembloroso:
la tela
inacabable
de las algas.
Son
los enlutados
guantes
del océano,
manos
de ahogados,
ropa

ODE TO SEAWEED

Perhaps you do not know
the springs
spilled out
of the ocean.
In my country
it's the light
of each day.
We live
on the edge
of the wave,
on the smell of the sea,
on its star-spangled wine.

Sometimes
the high
waves
bring
in the palm
of a
large green hand
a quivering
web:
the endless
woven cloth
of seaweeds.
They are
the ocean's
mourning
gloves,
the hands
of the drowned,
funeral

funeraria,
pero
cuando
en lo alto
del muro de la ola,
en la campana
del mar,
se transparentan,
brillan
como
collares
de las islas,
dilatan
sus rosarios
y la suave turgencia
naval de sus pezones
se balancea
al peso
del aire que las toca!

Oh despojos
del gran
torso marino
nunca desenterrado,
cabellera
del cielo submarino,
barba de los planetas
que rodaron
ardiendo
en el océano.
Flotando sobre
la noche y la marea,
tendidas
como balsas

garb,
but
when
cresting
the wall of the wave,
in the bell
of the sea,
they turn transparent,
they shine
like
necklaces
of the islands,
distend
their rosaries,
and the smooth ocean
swell of their nipples
sways
in the weight
of the air touching them!

Oh flotsam
of the great
marine torso
never disinterred,
tresses
of the underwater sky,
planets' beard
that rolled
burning
into the ocean.
Floating on
night and tide,
stretched out
like rafts

de pura
perla y goma,
sacudidas
por un pez, por el sol, por el latido
de una sola sirena,
de pronto
en una
carcajada de furia,
el mar
entre las piedras
del litoral los deja
como jirones
pardos
de bandera,
como flores caídas de la nave.
Y allí
tus manos, tus pupilas
descubrirán
un húmedo universo de frescura,
la transparencia del
racimo
de las viñas sumergidas,
una gota
del tálamo
marino,
del ancho lecho azul
condecorado
con escudos de oro,
mejillones minúsculos,
verdes protozoarios.

Anaranjadas, oxidadas formas
de espátula, de huevo,
de palmera,

of pure
pearl and rubber,
jarred
by a fish, by the sun, by the throb
of a single siren,
suddenly
in a
furious burst of laughter,
the sea
leaves them along
the rocky shore,
like dark
shreds
of a banner,
like flowers fallen from a ship.
And there
your hands, your pupils
will discover
a damp world of freshness,
the transparency
of the grapes
of submerged vineyards,
a drop
from the marine
nuptial couch,
the wide blue bed
decorated
with golden shields,
minuscule mussels,
green protozoa.

Orange, rusty spatula
forms, egglike,
palms,

abanicos
errantes
golpeados
por el
inacabable
movimiento
del corazón
marino,
islas de los sargazos
que hasta mi puerta
llegan
con el despojo
de
los arcoiris,
dejadme
llevar en mi cuello, en mi cabeza,
los pámpanos mojados
del océano,
la cabellera muerta
de la ola.

wandering
fans
battered
by the
endless
movement
of the sea
heart,
sargasso islands
reaching
to my door
with your
rainbow
booty,
let me
wear around my neck, upon my head,
the wet grape tendrils
of the sea,
the dead tresses
of the wave.

ODA A LA GAVIOTA

A la gaviota
sobre
los pinares
de la costa,
en el viento
la sílaba
silbante de mi oda.

Navega,
barca lúcida,
bandera de dos alas,
en mi verso,
cuerpo de plata,
sube
tu insignia atravesada
en la camisa
del firmamento frío,
oh voladora,
suave
serenata del vuelo,
flecha de nieve, nave
tranquila en la tormenta transparente
elevas tu equilibrio
mientras
el ronco viento barre
las praderas del cielo.

Después del largo viaje,
tú, magnolia emplumada,
triángulo sostenido
por el aire en la altura,
con lentitud regresas

ODE TO THE SEAGULL

To the seagull
over
stands of pine
along the coast,
in the wind go
the whistling
syllables of my ode.

Sail,
bright boat,
two winged banner,
through my verse,
silvery body,
your crisscrossed markings
climb up
the shirt
of the cold firmament,
oh flyer,
smooth
serenade of flight,
snow arrow, calm
ship in the transparent storm,
you soar with your poised body
while
the hoarse wind sweeps
the meadows of the sky.

After the long journey,
you, plumed magnolia,
triangle kept
afloat by the air in the heights,
slowly you regain

a tu forma
cerrando
tu plateada vestidura,
ovalando tu nítido tesoro,
volviendo a ser
botón blanco del vuelo,
germen
redondo,
huevo de la hermosura.

Otro poeta
aquí
terminaría
su victoriosa oda.
Yo no puedo
permitirme
sólo
el lujo blanco
de la inútil espuma.
Perdóname,
gaviota,
soy
poeta
realista,
fotógrafo del cielo.
Comes,
comes,
comes,
no hay
nada que no devores,
sobre el agua del puerto
ladras
como perro de pobre
corres

your form,
closing
your silvery vestments,
your bright treasure turns oval,
becoming again,
a white bud of flight,
round
seed,
egg of beauty.

Another poet
here
would end his victorious ode.
I can't
allow myself
just
the white luxury
of useless froth.
Pardon me,
seagull,
for I'm a
realistic
poet,
photographer of the skies.
You eat
and eat
and eat,
there's nothing
you don't devour,
over the water at the port
you bark
like a poor man's dog,
you dash

detrás del último
pedazo de intestino
de pescado,
picoteas
a tus hermanas blancas,
robas
la despreciable presa,
el desarmado cúmulo
de basura marina,
acechas los
tomates
decaídos,
las descartadas
sobras de la caleta.
Pero
todo
lo transformas
en ala limpia,
en blanca geometría,
en la estática línea de tu vuelo.

Por eso,
ancla nevada,
voladora,
te celebro completa:
con tu voracidad abrumadora,
con tu grito en la lluvia
o tu descanso
de copo desprendido
a la tormenta,
con tu paz o tu vuelo,
gaviota,
te consagro

after the last
scrap of fish
gut,
you peck
at your white siblings,
you steal
the despicable catch,
a rumpled heap
of garbage from the sea,
you hover waiting for
the decayed
tomatoes,
the discarded
rubbish from the cove.
But
you transform
all
into clean swept wing,
white geometry,
the static line of your flight.

That's why,
snowy anchor,
aviator,
I celebrate you in all you are:
your tremendous voracity,
your cry in the rain,
or your moment of rest,
snowflake blown
from the storm,
whether still or in flight,
seagull,
I dedicate to you

mi palabra terrestre,
torpe ensayo de vuelo,
a ver si tú desgranas
tu semilla de pájaro en mi oda.

my earthbound words,
my essay clumsy in flight,
let's see if you can spill
your bird's seed into my ode.

ODA A UNA ESTRELLA

Asomado a la noche
en la terraza
de un rascacielos altísimo y amargo
pude tocar la bóveda nocturna
y en un acto de amor extraordinario
me apoderé de una celeste estrella.

Negra estaba la noche
y yo me deslizaba
por la calle
con la estrella robada en el bolsillo.
De cristal tembloroso
parecía
y era
de pronto
como si llevara
un paquete de hielo
o una espada de arcángel en el cinto.

La guardé
temeroso
debajo de la cama
para que no la descubriera nadie,
pero su luz
atravesó
primero
la lana del colchón,
luego
las tejas,
el techo de mi casa.

Incómodos

ODE TO A STAR

Appearing at night
on the terrace
of a bitter and very high skyscraper,
I could touch the nocturnal dome
and in an act of extraordinary love
I seized a sky-blue star.

The night was black
and I slipped along
the street
with the stolen star in my pocket.
Of tremulous crystal
it seemed,
and suddenly
it was
as if I was carrying
a package of ice,
or an archangel's sword at my belt.

Fearful,
I kept it
under the bed
so nobody would discover it,
but its light
first pierced through
the woolen mattress,
then
the tiles,
the roof of my house.

The most private needs

se hicieron
para mí
los más privados menesteres.

Siempre con esa luz
de astral acetileno
que palpitaba como si quisiera
regresar a la noche,
yo no podía
preocuparme de todos
mi deberes
y así fue que olvidé pagar mis cuentas
y me quedé sin pan ni provisiones.

Mientras tanto, en la calle,
se amotinaban
transeúntes, mundanos
vendedores
atraídos sin duda
por el fulgor insólito
que veían salir de mi ventana.

Entonces
recogí
otra vez mi estrella,
con cuidado
la envolví en mi pañuelo
y enmascarado entre la muchedumbre
pude pasar sin ser reconocido.

Me dirigí al oeste,
al Río Verde,
que allí bajo los sauces
es sereno.

became
uncomfortable
for me.

Always with that light
of astral acetylene
flashing like it wanted
to return to the night,
I couldn't tend to all
my duties,
and so I forgot to pay my bills
and wound up without bread or provisions.

Meanwhile, in the street,
passersby milled around,
worldly
vendors
doubtless attracted
by the unusual brilliance
they saw coming from my window.

Then
I picked up
my star again,
carefully
wrapped it in my handkerchief,
and disguised among the crowd
I could pass unrecognized.

I went west,
to the Green River,
for there under the willows
it is calm.

Tomé la estrella de la noche fría
y suavemente
la eché sobre las aguas.

Y no me sorprendió
que se alejara
como un pez insoluble
moviendo
en la noche del río
su cuerpo de diamante.

I took the star of the cold night
and gently
cast it unto the waters.

And I wasn't surprised
that it floated away
like an insoluble fish
moving
in the night of the river
its diamond body.

WORDS
&
NUMBERS

ODA AL DICCIONARIO

Lomo de buey, pesado
cargador, sistemático
libro espeso:
de joven
te ignoré, me vistió
la suficiencia
y me creí repleto,
y orondo como un
melancólico sapo
dictaminé: "Recibo
las palabras
directamente
del Sinaí bramante.
Reduciré
las formas a la alquimia.
Soy mago."

El gran mago callaba.

El Diccionario,
viejo y pesado, con su chaquetón
de pellejo gastado,
se quedó silencioso
sin mostrar sus probetas.

Pero un día,
después de haberlo usado
y desusado,
después
de declararlo
inútil y anacrónico camello,
cuando por largos meses, sin protesta,

ODE TO THE DICTIONARY

Ox-leathered back, hefty
stevedore, systematic
chunky book:
when young
I ignored you, adorned
with self-sufficiency,
thought myself replete,
and puffed up like a
melancholy toad
I pompously proclaimed:
"I receive words
directly
from rumbling Sinai.
I'll reduce forms
to alchemy.
I'm a magician."

The great magician was silent.

The Dictionary,
old and heavy, with its frayed
leather jacket,
kept silent,
not revealing the contents of its test tubes.

But one day,
having used it,
then abandoning it,
after
declaring it
a useless and anachronic camel,
when for many months, without protesting,

me sirvió de sillón
y de almohada,
se rebeló y plantándose
en mi puerta
creció, movió sus hojas
y sus nidos,
movió la elevación de su follaje:
árbol
era,
natural,
generoso
manzano, manzanar o manzanero,
y las palabras
brillaban en su copa inagotable,
opacas o sonoras,
fecundas en la fronda del lenguaje,
cargadas de verdad y de sonido.

Aparto una
sola de
sus
páginas:
Caporal
Capuchón
qué maravilla
pronunciar estas sílabas
con aire,
y más abajo
Cápsula
hueca, esperando aceite o ambrosía,
y junto a ellas
Captura Capucete Capuchina
Caprario Captatorio
palabras
que se deslizan como suaves uvas

it served me as armchair,
and as pillow,
it rebelled, planting itself
at my door,
grew, shaking its leaves
and nests,
pushed its foliage upward:
it was
a tree,
natural,
generous,
apple, apple orchard, apple seed,
and the words
glittered in its endless crown,
opaque or resonant,
fecund in the fronds of language,
laden with truth and sound.

I turn to
just one of
its
pages:
Caporal
Capriole
how wonderful
to pronounce these air-filled
syllables,
and further down
Capsule
hollow, waiting for oil or ambrosia,
and nearby,
Captivate Capture Capuche
Capuchin Capulet
words
which slide out like smooth grapes

o que a la luz estallan
como gérmenes ciegos que esperaron
en las bodegas del vocabulario
y viven otra vez y dan la vida:
una vez más el corazón las quema.

Diccionario, no eres
tumba, sepulcro, féretro,
túmulo, mausoleo,
sino preservación,
fuego escondido,
plantación de rubíes
perpetuidad viviente
de la esencia,
granero del idioma.
Y es hermoso
recoger en tus filas
la palabra
de estirpe,
la severa
y olvidada
sentencia,
hija de España,
endurecida
como reja de arado,
fija en su límite
de anticuada herramienta,
preservada
con su hermosura exacta
y su dureza de medalla.
O la otra
palabra
que allí vimos perdida
entre renglones
y que de pronto

or explode in the light
like blind germs waiting
in the vocabulary's cellar,
they live again and give forth life:
once more my heart is aflame with them.

Dictionary, you're not
tomb, sepulcher, coffin,
burial mound or mausoleum,
but preservation,
hidden fire,
plantation of rubies,
essence perpetually
alive,
granary of the language.
And it's a fine thing
to pluck from your ranks
the word
of ancient stock,
the harsh,
forgotten
maxim,
offspring of Spain,
roughened
like a plowshare,
fixed in its limit
of obsolescent tool,
preserved
with its exact beauty
and medallion hardness.
Or the other
word
we saw there lost
between the lines
which suddenly

se hizo sabrosa y lisa en nuestra boca
como una almendra
o tierna como un higo.

Diccionario, una mano
de tus mil manos, una
de tus mil esmeraldas,
una
sola
gota
de tus vertientes virginales,
un grano
de
tus
magnánimos graneros
en el momento
justo
a mis labios conduce,
al hilo de mi pluma,
a mi tintero.
De tu espesa y sonora
profundidad de selva,
dame,
cuando lo necesite
un solo trino, el lujo
de una abeja,
un fragmento caído
de tu antigua madera perfumada
por una eternidad de jazmineros,
una
sílaba,
un temblor, un sonido,
una semilla:
de tierra soy y con palabras canto.

turned savory and smooth in our mouths
like an almond
or tender as a fig.

Dictionary, one of
your thousand hands, one
of your thousand emeralds,
just
one
drop
from your virgin fountains,
one
grain
from
your
generous granaries
at the right
moment
bear to my lips,
to the nib of my pen,
to my inkwell.
From your dense and sonorous
jungle depths,
give me,
whenever I need it,
a single trill, the bliss
of a bee,
a fragment chipped
from your ancient perfumed wood
through an eternity of jasmine,
one
syllable,
tremor, sound,
a seed:
I'm made of earth and sing with words.

ODA A LA TIPOGRAFÍA

Letras largas, severas,
verticales,
hechas
de línea
pura,
erguidas
como el mástil
del navío
en medio
de la página
llena
de confusión y turbulencia,
Bodonis
algebraicos,
letras
cabales,
finas
como lebreles,
sometidas
al rectángulo blanco
de la geometría,
vocales
elzeviras
acuñadas
en el menudo acero
del taller junto al agua,
en Flandes, en el Norte
acanalado,
cifras
del ancla,
caracteres de Aldus,
firmes como

ODE TO TYPOGRAPHY

Long, severe, vertical
letters,
cast
in pure
line,
erect
as the ship's
mast
in the middle
of the page
full
of confusion and turbulence,
algebraic
Bodoni,
finished
letters,
fine-lined
as greyhounds,
obedient
to the white rectangle
of geometry,
Elzevir
vowels
coined
in the slender steel
of the waterfront shop
in Flanders, fluted
in the North,
cyphers
of the anchor,
Aldine characters,
firm as

la estatura
marina
de Venecia
en cuyas aguas madres,
como vela
inclinada,
navega la cursiva
curvando el alfabeto:
el aire
de los descubridores
oceánicos
agachó
para siempre el perfil de la escritura.

Desde
las manos medioevales
avanzó hasta tus ojos
esta
N
este 8
doble
esta
J
esta
R
de rey y de rocío.
Allí
se trabajaron
como si fueran
dientes, uñas,
metálicos martillos
del idioma.
Golpearon cada letra,
la erigieron,

the sea
stature
of Venice,
in whose mother waters,
like a slanting
sailboat,
italics navigate
curving the alphabet:
the air
of the oceanic
discoverers
bent over
forever the outline of script.

From
medieval hands
advanced to your eyes
this
N
this
double 8
this
J
this
R,
regal and of misty rain.
There
they were forged
like
teeth and nails,
metallic hammers
of language.
Each letter was beaten,
and stood erect,

pequeña estatua negra
en la blancura,
pétalo
o pie estrellado
del pensamiento que tomaba forma
de caudaloso río
y que al mar de los pueblos navegaba
con todo
el alfabeto
iluminando
la desembocadura.
El corazón, los ojos
de los hombres
se llenaron de letras,
de mensajes,
de palabras,
y el viento pasajero
o permanente
levantó libros
locos
o sagrados.
Debajo
de las nuevas pirámides escritas
la letra
estaba viva,
el alfabeto ardiendo,
las vocales,
las consonantes como
flores curvas.
Los ojos
del papel, los que miraron
a los hombres
buscando
sus regalos,

tiny black statue
in the whiteness,
petal
of star-shaped foot
of the thought now taking form,
of the mighty river
journeying to the sea of peoples
with all
the alphabet
illuminating
the river mouth.
Men's hearts
and eyes
filled up with letters,
messages,
words,
and the passing
or persistent wind
brought forth worldly
or sacred
books.
Beneath
the new written pyramids
the letter
was alive,
the alphabet burning,
the vowels and
consonants like
curving flowers.
The eyes
on the paper gazing
at men
sought their presents,

su historia, sus amores,
extendiendo
el tesoro
acumulado,
esparciendo de pronto
la lentitud de la sabiduría
sobre la masea
como una baraja,
todo
el humus
secreto
de los siglos,
el canto, la memoria,
la revuelta,
la parábola ciega,
de pronto
fueron
fecundidad,
granero,
letras,
letras
que caminaron
y encendieron,
letras
que navegaron
y vencieron,
letras
que despertaron
y subieron,
letras
que libertaron,
letras
en forma de paloma
que volaron,

history and loves,
extended
the accumulated
treasure,
suddenly scattered
learning's sluggishness
over the table
like a deck of cards,
all the
secret
humus
of centuries,
song, memory,
revolt,
blind parable,
suddenly
were
fruitfulness,
granary,
letters,
letters
marching
and kindled,
letters
sailing
and conquering,
letters
awakened
and rising,
letters
liberating,
letters
flying in the form
of a dove,

letras
rojas sobre la nieve,
puntuaciones,
caminos,
edificios
de letras
y Villon y Berceo,
trovadores
de la memoria
apenas
escrita sobre el cuero
como sobre el tambor
de la batalla,
llegaron
a la espaciosa nave
de los libros,
a la tipografía
navegante.

Pero
la letra
no fué sólo belleza,
sino vida,
fué paz para el soldado,
bajó a las soledades
de la mina
y el minero
leyó
el volante duro
y clandestino,
lo ocultó en los repliegues
del secreto
corazón
y arriba,

letters
red on the snow,
punctuations,
roads,
buildings
of letters,
Villon and Berceo,
troubadours
of memory,
scarcely
written on a scrap of leather
as on the battle
drum,
they reached
the spacious ship
of books,
sailing
typography.

But
the letter
was not just beauty,
it was life,
peace for the soldier,
descending to the solitude
of the mine
where the miner
read
the rough clandestine
sheet of paper,
hiding it in the folds
of his secret
heart,
and overhead,

sobre la tierra,
fué otro
y otra
fué su palabra.
La letra
fué la madre
de las nuevas banderas,
las letras
procrearon
las estrellas
terrestres
y el canto, el himno ardiente
que reúne
a los pueblos
de
una
letra
agregada
a otra
letra
y a otra
de pueblo a pueblo fué sobrellevando
su autoridad sonora
y creció en la garganta de los hombres
hasta imponer la claridad del canto.

Pero,
tipografía,
déjame
celebrarte
en la pureza
de tus
puros perfiles,
en la redoma

above ground
he was another
and his words
were another's.
The letter
was the mother
of new banners,
letters
procreated
earthly
stars
and the song, the ardent hymn
binding
people together
from
one
letter
added
to another
letter
and another
from people to people bearing
its sonorous authority,
swelling in men's throats,
imposing the clarity of its song.

But,
typography,
let me
celebrate you
in the purity
of your
pure profiles,
in the flagon

de la letra
O
en el fresco
florero
de la
Y
griega,
en la
Q
de Quevedo,
(cómo puede pasar
mi poesía
frente a esa letra
sin sentir el antiguo escalofrío
del sabio moribundo?),
a la azucena
multi
multiplicada
de la
V
de victoria,
a la
E
escalonada
para subir al cielo,
en la
Z
con su rostro de rayo,
en la P
anaranjada.

Amor,
amo
las letras

of the letter
O,
in the fresh
flower vase
of the
Greek
Y,
in the
Q
of Quevedo
(How can
my poetry pass
before that letter
and not feel shaken
by the dying sage?)
in the lily
multi
multiplied
of the
V
of victory,
in the
E
escalating
to the sky,
in the
Z
with its thunderbolt face,
in the orange-hued
P.

My love,
I love
the letters

de tu pelo,
la
U
de tu mirada,
las
S
de tu talle.
En las hojas
de la joven primavera
relumbra el alfabeto
diamantino,
las esmeraldas
escriben tu nombre
con iniciales frescas de rocío.
Mi amor,
tu cabellera
profunda
como selva o diccionario
me cubre
con su totalidad
de idioma
rojo.
En todo,
en la estela
del gusano
se lee,
en la rosa se lee,
las raíces
están llenas de letras
retorcidas
por la humedad del bosque
y en el cielo
de Isla Negra, en la noche,
leo,

of your hair,
the
U
of your gaze,
the
S
of your figure.
In the leaves
of youthful spring
the diamond alphabet
sparkles,
emeralds
write your name
with the fresh initials of dew.
My love,
your head of hair
deep
as the jungle or the dictionary
covers me
with its totality
of red
language.
We read
in everything,
in the worm's
trail,
in the rose,
roots
are full of letters
twisted by the humid forest,
and in the sky
over Isla Negra, at night,
I read,

leo
en
el firmamento frío
de la costa,
intenso,
diáfano de hermosura,
desplegado,
con estrellas capitales
y minúsculas
y exclamaciones
de diamante helado,
leo, leo
en la noche de Chile
austral, perdido
en las celestes soledades
del cielo,
como en un libro
leo
todas
las aventuras
y en la hierba
leo,
leo
la verde, la arenosa
tipografía
de la tierra agreste,
leo
los navíos, los rostros
y las manos,
leo
tu corazón
en donde
viven
entrelazados
la inicial

read
in
the cold coastal
firmament,
intense,
diaphanous beauty,
unfolded
with stars in capital
and small letters
and exclamations
of icy diamond,
I read, read
in the southernmost
Chilean night, lost
in the celestial solitude
of the sky,
as in a book
I read
all
the adventures,
and in the grass
I read,
read the green, sandy
typography
of the rustic countryside,
I read
the ships, the faces
and hands,
I read
your heart
where
the provincial
initial
of your name
lives

provinciana
de tu nombre
y
el arrecife
de mis apellidos.
Leo
tu frente,
leo
tu cabellera
y en el jazmín
las letras
escondidas
elevan
la incesante
primavera
hasta que yo descifro
la enterrada
puntuación
de la amapola
y la letra
escarlata
del estío:
son las exactas flores de mi canto.
Pero,
cuando
despliega
sus rosales
la escritura,
la letra
su esencial
jardinería,
cuando lees
las viejas y las nuevas
palabras, las verdades

entwined
with
the reef
of my surnames.
I read
your forehead,
I read
your head of hair,
and in the jasmine
the hidden
letters
reveal
the everlasting
spring
until I decipher
the buried
punctuation
of the poppy
and the scarlet
letter
of summer:
these are the very flowers of my song.
But
when
script
displays
its rose bushes,
the letter
its essential
landscape gardening,
when you read
the old and new
words, the truths

y las exploraciones,
te pido
un pensamiento
para el que las ordena
y las levanta,
para el que para
el tipo,
para el linotipista
con su lámpara
como un piloto
sobre
las olas del lenguaje
ordenando
los vientos y la espuma,
la sombra y las estrellas
en el libro:
el hombre
y el acero
una vez más reunidos
contra el ala nocturna
del misterio,
navegando,
horadando,
componiendo.
Tipografía,
soy
sólo un poeta
y eres
el florido
juego de la razón,
el movimiento
de los alfiles
de la inteligencia.
No descansas

and explorations,
I request
a thought
for the one ordering them,
who lifts them up,
and stops
the type,
the linotypist
with his lamp
like a pilot
over
the waves of language,
putting in order
wind and foam,
shadow and stars
in the book:
man
and steel
once more united
against the nocturnal wing
of mystery,
sailing,
piercing,
composing.
Typography,
I am
only a poet
and you are
the flowery
play of reason,
the movement
of bishop chess pieces
of intelligence.
You don't rest

de noche
ni de invierno,
circulas
en las venas
de nuestra
anatomía
y si duermes
volando
durante
alguna noche o huelga
o fatiga o ruptura
de linotipia
bajas de nuevo al libro
o al periódico
como nube
de pájaros al nido.
Regresas
al sistema,
al orden
inapelable
de la inteligencia.

Letras,
seguid cayendo
como precisa lluvia
en mi camino.
Letras de todo
lo que vive
y muere,
letras de luz, de luna,
de silencio,
de agua,
os amo,
y en vosotras

at night
or in the winter,
you circulate
in the veins
of our anatomy,
and if you sleep
flying
during some night or strike,
fatigue or linotypist's
break,
you go back to your book
or newspaper
like a flock
of birds to their nest.
You return
to the system,
to the unappealable
order
of intelligence.

Letters,
keep on falling
like fine rain
on my road.
Letters
of all
that lives
and dies,
letters of light, moon
and silence,
of water,
I love you,
and collect

recojo
no sólo el pensamiento
y el combate,
sino vuestros vestidos,
sentidos
y sonidos:
A
de gloriosa avena
T
de trigo y de torre
y
M
como tu nombre
de manzana.

in you
not only your thought
and struggle,
but your clothes too,
your sense
and sounds:
A
of glorious apple
T
of tomato and tower
and
M
like your name
of mango.

ODA A LA POESÍA

Cerca de cincuenta años
caminando
contigo, Poesía.
Al principio
me enredabas los pies
y caía de bruces
sobre la tierra oscura
o enterraba los ojos
en la charca
para ver las estrellas.
Más tarde te ceñiste
a mí con los dos brazos de la amante
y subiste
en mi sangre
como una enredadera.
Luego
te convertiste en copa.

Hermoso
fué
ir derramándote sin consumirte,
ir entregando tu agua inagotable,
ir viendo que una gota
caía sobre un corazón quemado
y desde sus cenizas revivía.
Pero
no me bastó tampoco.
Tanto anduve contigo
que te perdí el respeto.
Dejé de verte como
náyade vaporosa,
te puse a trabajar de lavandera,

ODE TO POETRY

Almost fifty years
walking at
your side, Poetry.
At first
you entangled my feet
and I fell face down
on the dark earth
or buried my eyes
in the pool
to see the stars.
Later you encircled me
with the arms of a lover
and raced up
through my blood
like a clambering vine.
Then
you became a cup.

Lovely
it was
to spill and not consume you,
giving out your boundless waters,
watching a drop fall
on a burned out heart,
and see it revived from its ashes.
But
that didn't suffice me either.
We had walked together so long
that I lost respect for you.
I no longer saw you
as a diaphanous nymph,
I put you to work as laundress,

a vender pan en las panaderías,
a hilar con las sencillas tejedoras,
a golpear hierros en la metalurgia.

Y seguiste conmigo
andando por el mundo,
pero tú ya no eras
la florida
estatua de mi infancia.
Hablabas
ahora
con voz férrea.
Tus manos
fueron duras como piedras.
Tu corazón
fué un abundante
manantial de campanas,
elaboraste pan a manos llenas,
me ayudaste
a no caer de bruces,
me buscaste
compañía,
no una mujer,
no un hombre,
sino miles, millones.
Juntos, Poesía,
fuimos
al combate, a la huelga,
al desfile, a los puertos,
a la mina,
y me reí cuando saliste
con la frente manchada de carbón
o coronada de aserrín fragante
de los aserraderos.

selling bread in bakeries,
spinning with simple weavers,
smiting irons in the smithy.

And you continued by my side
roaming through the world,
but you were no longer
the ornate
statue of my infancy.
Now
you spoke
with steely voice.
Your hands
became hard as rocks.
Your heart
a flowing
fountain of bells,
you kneaded bread with hands full of dough,
you kept me from
falling flat on my face,
you sought out
company for me,
not one woman,
nor one man,
but thousands, millions.
Together, Poetry,
we went
to combat, to strikes,
to parades and ports,
to the mines,
and I laughed when you emerged,
your forehead smudged with coaldust,
or crowned with aromatic sawdust
from the sawmills.

Ya no dormíamos en los caminos.
Nos esperaban grupos
de obreros con camisas
recién lavadas y banderas rojas.

Y tú, Poesía,
antes tan desdichadamente tímida,
a la cabeza
fuiste
y todos
se acostumbraron a tu vestidura
de estrella cuotidiana,
porque aunque algún relámpago delató tu familia
cumpliste tu tarea,
tu paso entre los pasos de los hombres.
Yo te pedí que fueras
utilitaria y útil,
como metal o harina,
dispuesta a ser arado,
herramienta,
pan y vino,
dispuesta, Poesía,
a luchar cuerpo a cuerpo
y a caer desangrándote.

Y ahora,
Poesía,
gracias, esposa,
hermana o madre
o novia,
gracias, ola marina,
azahar y bandera,
motor de música,
largo pétalo de oro,

We no longer slept along the roads.
Groups of workers
awaited us with freshly laundered
shirts and red flags.

And you, Poetry,
before so unhappily timid,
went
to the head,
and everyone got used to your clothing
of daily star,
for though some lightning bolt betrayed your family,
you complied with your task,
your step among men's footsteps.
I asked you to be
utilitarian and useful,
like metal or flour,
ready to be plow,
tool,
bread and wine,
ready, Poetry,
to fight body to body
and fall shedding your blood.

And now,
Poetry,
thanks, wife,
sister, mother,
or sweetheart,
thanks, sea wave,
orange blossom and banner,
motor of music,
long golden petal,

campana submarina,
granero
inextinguible,
gracias
tierra de cada uno
de mis días,
vapor celeste y sangre
de mis años,
porque me acompañaste
desde la más enrarecida altura
hasta la simple mesa
de los pobres,
porque pusiste en mi alma
sabor ferruginoso
y fuego frío,
porque me levantaste
hasta la altura insigne
de los hombres comunes,
Poesía,
porque contigo
mientras me fuí gastando
tú continuaste
desarrollando tu frescura firme,
tu ímpetu cristalino,
como si el tiempo
que poco a poco me convierte en tierra
fuera a dejar corriendo eternamente
las aguas de mi canto.

submarine bell,
unending
granary,
thanks
earth for each one of my days,
heavenly mist and blood
of my years,
because you accompanied me
from the rarest heights
to the poor folks'
simple table,
because you placed in my soul
the taste of iron
and chilling fire,
because you raised me
to the famous heights
of ordinary men,
Poetry,
because with you,
while I squandered myself,
you kept on
evolving in your firm freshness,
your limpid momentum,
as if time
which little by little is turning me into earth
were to stop the flow forever
of the waters of my song.

ODA A LOS NÚMEROS

¡Qué sed
de saber cuánto!
¡Qué hambre
de saber
cuántas
estrellas tiene el cielo!

Nos pasamos
la infancia
contando piedras, plantas,
dedos, arenas, dientes,
la juventud contando
pétalos, cabelleras.
Contamos
los colores, los años,
las vidas y los besos,
en el campo
los bueyes, en el mar
las olas. Los navíos
se hicieron cifras que se fecundaban.
Los números parían.
Las ciudades
eran miles, millones,
el trigo centenares
de unidades que adentro
tenían otros números pequeños,
más pequeños que un grano.
El tiempo se hizo número.
La luz fué numerada
y por más que corrió con el sonido
fué su velocidad un 37.
Nos rodearon los números.

ODE TO NUMBERS

How we thirst
to know how many!
Hunger to know
how many stars
are in the sky!

We spent
our childhood
counting rocks and plants,
fingers, teeth, grains of sand,
our youth counting
petals, strands of hair.
We counted
colors, years,
loves and kisses,
in the country oxen,
waves at the seashore.
Ships
became multiplying figures.
Numbers gave birth.
Cities
were thousands, millions,
wheat hundreds
of units holding
other small numbers inside,
smaller than one grain.
Time became a number.
Light was numbered
and no matter how it raced with sound,
its speed was a 37.
Numbers surrounded us.

Cerrábamos la puerta,
de noche, fatigados,
llegaba un 800,
por debajo,
hasta entrar con nosotros en la cama,
y en el sueño
los 4000 y los 77
picándonos la frente
con sus martillos o sus alicates.
Los 5
agregándose
hasta entrar en el mar o en el delirio,
hasta que el sol saluda con su cero
y nos vamos corriendo
a la oficina,
al taller,
a la fábrica,
a comenzar de nuevo el infinito
número 1 de cada día.

Tuvimos, hombre tiempo
para que nuestra sed
fuera saciándose,
el ancestral deseo
de enumerar las cosas
y sumarlas,
de reducirlas hasta
hacerlas polvo,
arenales de números.
Fuimos
empapelando el mundo
con números y nombres,
pero
las cosas existían,

We closed our door
at night, tired out,
an 800 came
sneaking under it,
and climbed into bed with us,
and in our dreams
the 4000s and the 77s
beat our foreheads
hammer and tongs.
The 5s
kept adding up
until they reached the sea or madness,
until the sun greeted us with its zero
and we went running
to the office,
the shop,
the factory
to start over again the infinite
number 1 of each day.

We had time, as men,
for our thirst
to be slaked,
the ancestral desire
to enumerate things
and add them up,
to reduce them
to powder,
sandhills of numbers.
We went papering
the world
with numbers and names,
but
things existed,

se fugaban
del número,
enloquecían en sus cantidades,
se evaporaban
dejando
su olor o su recuerdo
y quedaban los números vacíos.

Por eso,
para ti
quiero las cosas.
Los números
que se vayan a la cárcel,
que se muevan
en columnas cerradas
procreando
hasta darnos la suma
de la totalidad del infinito.
Para ti sólo quiero
que aquellos
números del camino
te defiendan
y que tú los defiendas.
La cifra semanal de tu salario
se desarrolle hasta cubrir tu pecho.
Y del número dos en que se enlazan
tu cuerpo y el de la mujer amada
salgan los ojos pares de tus hijos
a contar otra vez
las antiguas estrellas
y las innumerables
espigas
que llenarán la tierra transformada.

they fled
from numbers,
crazed by their quantities,
they evaporated
leaving
their smell or memory
and numbers were left empty.

That's why
for you
I want things.
Let numbers go to jail,
move
in closed columns .
procreating
until they give us the sum
totality of infinity.
For you I only want
those numbers
along the road
to defend you
and you to defend them.
May the amount of your weekly salary
increase until it covers your chest.
And from the number two in which
your body and your beloved's are entwined
emerge your children's pairs of eyes
to count again
the ancient stars
and innumerable
ears of grain
that will fill the transformed earth.

INTANGIBLES

ODA A LA VIDA

La noche entera
con un hacha
me ha golpeado el dolor,
pero el sueño
pasó lavando como un agua oscura
piedras ensangrentadas.
Hoy de nuevo estoy vivo.
De nuevo
te levanto,
vida,
sobre mis hombros.

Oh vida,
copa clara,
de pronto
te llenas
de agua sucia,
de vino muerto,
de agonía, de pérdidas,
de sobrecogedoras telarañas,
y muchos creen
que ese color de infierno
guardarás para siempre.

No es cierto.

Pasa una noche lenta,
pasa un solo minuto
y todo cambia.
Se llena
de transparencia
la copa de la vida.

ODE TO LIFE

All night long
the pain kept hitting me
with an axe,
but sleep
like dark water washed away
the bloody stones.
Today I'm alive again.
Again
I lift you up,
life,
on my shoulders.

Oh life,
clear cup,
suddenly
you get full
of dirty water,
of lifeless wine,
of agony, losses,
appalling spiderwebs,
and many think
you'll keep forever
that color of hell.

Not true.

A lingering night passes,
just one minute passes
and everything changes.
The cup of life
fills up
with transparency.

El trabajo espacioso
nos espera.
De un solo golpe nacen las palomas.
Se establece la luz sobre la tierra.

Vida, los pobres
poetas
te creyeron amarga,
no salieron contigo
de la cama
con el viento del mundo.

Recibieron los golpes
sin buscarte,
se barrenaron
un agujero negro
y fueron sumergiéndose
en el luto
de un pozo solitario.

No es verdad, vida,
eres
bella
como la que yo amo
y entre los senos tienes
olor a menta.

Vida
eres
una máquina plena,
felicidad, sonido
de tormenta, ternura
de aceite delicado.

Intangibles

Spacious work
awaits us.
Pigeons are born at one stroke.
Light reigns again over the earth.

Life, the poor
poets
thought you were bitter.
They didn't get out of
bed like you
and face the wind of the world.

They received the blows
without seeking you,
they drilled themselves
a black hole
and became submerged
in the mourning
of a solitary pit.

It's not true, life,
you are
lovely
as the one I love
and between your breasts you
have a smell of mint.

Life,
you are
a full machine,
happiness, sounds
of storm, tenderness
of delicate oil.

Pablo Neruda

Vida,
eres como una viña:
atesoras la luz y la repartes
transformada en racimo.

El que de ti reniega
que espere
un minuto, una noche,
un año corto o largo,
que salga
de su soledad mentirosa,
que indague y luche, junte
sus manos a otras manos,
que no adopte ni halague
a la desdicha,
que la rechace dándole
forma de muro,
como a la piedra los picapedreros,
que corte la desdicha
y se haga con ella
pantalones.
La vida nos espera
a todos
los que amamos
el salvaje
olor a mar y menta
que tiene entre los senos.

Life,
 you are like a vineyard:
you treasure and dole out light,
transforming it into a grape cluster.

Whoever disowns you
should wait
a minute, a night,
a long or short year,
to emerge
from his mistaken solitude,
to question and fight, to join
hands with other hands,
not to adopt or flatter
unhappiness,
but reject it, shaping
it like a wall,
like the stonecutter with the stone,
should snip out unhappiness
and make pants
out of it.
Life waits for us
all of us
who love
the savage smell
of sea and mint
nestled between its breasts.

Pablo Neruda

ODA AL AMOR

Amor, hagamos cuentas.
A mi edad
no es posible
engañar o engañarnos.
Fuí ladrón de caminos,
tal vez,
no me arrepiento.
Un minuto profundo,
una magnolia rota
por mis dientes
y la luz de la luna
celestina.
Muy bien, pero, ¿el balance?
La soledad mantuvo
su red entretejida
de fríos jazmineros
y entonces
la que llegó a mis brazos
fué la reina rosada
de las islas.
Amor,
con una gota
aunque caiga
durante toda y toda
la nocturna
primavera
no se forma el océano
y me quedé desnudo,
solitario, esperando.

Pero, he aquí que aquella
que pasó por mis brazos

ODE TO LOVE

Love, let's draw up accounts.
At my age
it's not possible
to deceive or fool each other.
I was a thief on the byways,
perhaps,
but I don't regret it.
One profound minute,
a magnolia torn
by my teeth
and the light of the procuress
moon.
Very well, but, on balance?
Solitude maintained
its finely woven net
of cold jasmine vines,
and the woman who came to my arms
was the rose-colored queen
of the islands.
Love,
with just one drop,
though it may fall
through all, all,
the nocturnal
springtime,
the ocean isn't formed,
and I stayed naked,
alone and waiting.

But, lo and behold, she
who passed through my arms

como una ola,
aquella
que sólo fué un sabor
de fruta vespertina,
de pronto
parpadeó como estrella,
ardió como paloma
y la encontré en mi piel
desenlazándose
como la cabellera de una hoguera.
Amor, desde aquel día
todo fué más sencillo.
Obedecí las órdenes
que mi olvidado corazón me daba
y apreté su cintura
y reclamé su boca
con todo el poderío
de mis besos,
como un rey que arrebata
con un ejército desesperado
una pequeña torre donde crece
la azucena salvaje de su infancia.

Por eso, Amor, yo creo
que enmarañado y duro
puede ser tu camino,
pero que vuelves
de tu cacería
y cuando enciendes
otra vez el fuego,
como el pan en la mesa,
así, con sencillez,
debe estar lo que amamos.
Amor, eso me diste.

like a wave,
was
only a savory
evening fruit,
suddenly
flickered like a star,
burned like a dove,
and I found her unraveling
on my skin
like the streamers of a bonfire.
Love, since that day
all was more simple.
I obeyed the orders
my forgotten heart gave me,
and I squeezed her waist
and claimed her mouth
with all the force
of my kisses,
like a king conquering
with a desperate army
a tiny tower where the savage
lily of his childhood grows.

That's why, Love, I think
your road may be
hard and tangled,
but when you return
from your hunting trip
and when you light
the fire again,
like bread on the table,
so, just as simple
should what we love be.
Love, you gave me that.

Cuando por vez primera
ella llegó a mis brazos
pasó como las aguas
en una despeñada primavera.
Hoy
la recojo.
Son angostas mis manos y pequeñas
las cuencas de mis ojos
para que ellas reciban
su tesoro,
la cascada
de interminable luz, el hilo de oro,
el pan de su fragancia
que son sencillamente, Amor, mi vida.

When for the first time
she came to my arms,
passing like the waters
in a turbulent springtime.
Today
I gather her.
My hands are narrow and my eye
sockets small
to receive
her treasure,
the cascade
of interminable light, the golden thread,
the bread of her fragrance,
which are simply, Love, my life.

ODA A LA TRISTEZA

Tristeza, escarabajo
de siete patas rotas,
huevo de telaraña,
rata descalabrada,
esqueleto de perra:
Aquí no entras.
No pasas.
Ándate.
Vuelve
al sur con tu paraguas,
vuelve
al norte con tus dientes de culebra.
Aquí vive un poeta.
La tristeza no puede
entrar por estas puertas.
Por las ventanas
entra el aire del mundo,
las rojas rosas nuevas,
las banderas bordadas
del pueblo y sus victorias.
No puedes.
Aquí no entras.
Sacude
tus alas de murciélago,
yo pisaré las plumas
que caen de tu manto,
yo barreré los trozos
de tu cadáver hacia
las cuatro puntas del viento,
yo te torceré el cuello,
te coseré los ojos,

ODE TO SADNESS

Sadness, black beetle
with seven broken legs,
cobweb egg,
crackbrained rat,
bitch's skeleton:
you can't enter here.
You can't come in.
Go away.
Go back
south with your umbrella,
go back
north with your snake fangs.
Here lives a poet.
Sadness cannot
enter these doors.
Through the windows
comes the breeze of the world,
fresh red roses,
flags embroidered with
the people and their victories.
You can't.
You can't come in here.
Flutter
your bat's wings,
I'll crush the feathers underfoot
that fall from your cloak,
I'll sweep the scraps
of your carcass
to the four corners of the wind,
I'll wring your neck,
sew up your eyes,

cortaré tu mortaja
y enterraré, tristeza, tus huesos roedores
bajo la primavera de un manzano.

Intangibles

cut your shroud
and bury sadness, your rodent bones,
under the springtime of an apple tree.

ODA AL PRESENTE

Este
presente
liso
como una tabla,
fresco,
esta hora,
este día
limpio
como una copa nueva,
—del pasado
no hay una
telaraña—,
tocamos
con los dedos
el presente,
cortamos
su medida,
dirigimos
su brote,
está viviente,
vivo,
nada tiene
de ayer irremediable,
de pasado perdido,
es nuestra
criatura,
está creciendo
en este
momento, está llevando
arena, está comiendo
en nuestras manos,
cógelo,

ODE TO THE PRESENT

This
present
smooth
as a board,
fresh,
this hour,
this day,
clean
like a new glass,
— there's no
spiderweb
of the past —
we touch
the present
with our fingers,
we cut
its measure,
direct
its sprouting,
it's alive,
living,
with nothing
of irremediable yesterday,
of lost past,
it's our
creature,
growing
at this
moment, bearing
sand, eating
from our hands,
seize it,

que no resbale,
que no se pierda en sueños,
ni palabras,
agárralo,
sujétalo
y ordénalo
hasta que te obedezca,
hazlo camino,
campana,
máquina,
beso, libro,
caricia,
corta su deliciosa
fragancia de madera
y de ella
hazte una silla,
trenza
su respaldo,
pruébala,
o bien
escalera!

Sí,
escalera,
sube
en el presente,
peldaño
tras peldaño,
firmes
los pies en la madera
del presente,
hacia arriba,
hacia arriba,
no muy alto,

don't let it slip,
get lost in dreams
or words,
grab it,
hold it down,
command
until it obeys you,
make a road of it,
a bell,
machine,
kiss, book,
caress,
cut its delightful
woodlike fragrance,
and make of it
a chair,
braid
its back,
try it out,
or else
a ladder!

Yes,
a ladder,
climb
in the present,
step
by step,
your feet
firm on the wood
of the present,
upward,
upward,
not very high,

tan sólo
hasta que puedas
reparar
las goteras
del techo,
no muy alto,
no te vayas al cielo,
alcanza
las manzanas,
no las nubes,
esas
déjalas
ir por el cielo, irse
hacia el pasado.

Tú
eres
tu presente,
tu manzana:
tómala
de tu árbol,
levántala
en tu
mano,
brilla
como una estrella,
tócala,
híncale el diente y ándate
silbando en el camino.

just
until you can
repair
the leaks
in the roof,
not very high,
don't go up to the sky,
reach
the apples,
not the clouds,
those
let them
skim across the sky, go back
toward the past.

You
are
your present,
your apple:
take it
from your tree,
lift it up
in your hand,
shining like
a star,
touch it,
sink your teeth in it and go on
whistling on the road.

ODA AL TIEMPO VENIDERO

Tiempo, me llamas. Antes
eras
espacio puro,
ancha pradera.
Hoy
hilo o gota
eres,
luz delgada
que corre como liebre hacia las zarzas
de la cóncava noche.

Pero,
ahora
me dices, tiempo, aquello
que ayer no me dijiste:
tus pasos apresura,
tu corazón reposa,
desarrolla tu canto.

El mismo soy. No soy? Quién, en el cauce
de las aguas que corren
identifica el río?

Sólo sé que allí mismo,
en una sola
puerta
mi corazón golpea,
desde ayer, desde lejos,
desde entonces,
desde mi nacimiento.

ODE TO TIME TO COME

Time, you're calling me. Before
you were
pure space,
wide meadow.
Today
you are
a string or drop,
a sliver of light
running like a hare toward the brambles
of the concave night.

But,
now,
you tell me, time, what
you didn't tell me yesterday:
Quicken your pace,
let your heart rest,
your song evolve.

I'm just the same, am I not? Who, in the course
of the running waters
identifies the river?

I only know that right there
at a single door
my heart has beaten
since yesterday, from far away,
since then,
since my birth.

Allí
donde responde
el eco oscuro
del mar
que canta y canto
y que
conozco
sólo
por un ciego silbido,
por un rayo
en las olas,
por sus anchas espumas en la noche.

Así, pues, tiempo, en vano
me has medido.
en vano transcurrriste
adelantando
caminos al errante.

Junto a una sola puerta
pasé toda la noche,
solitario, cantando.

Y ahora
que tu luz se adelgaza
como animal que corre
perdiéndose en la sombra
me dices,
al oído,
lo que no me enseñaste
y supe siempre.

Intangibles

There
where the dark echo
responds
of the singing
sea I sing to
and I know
only
by a blind whistle,
by a thunderbolt
in the waves,
by their widespread foam in the night.

So then, time, in vain
you have measured me,
in vain you elapsed,
getting roads
ahead of this wanderer.

Next to a single door
I spent all night,
solitary, singing.

And now
that your light flickers
like a running animal
fading away in the shadow,
you whisper
in my ear,
what you never taught me
and I always knew.

OTHER THINGS

ODA AL INVIERNO

Invierno, hay algo
entre nosotros,
cerros bajo la lluvia,
galopes
en el viento,
ventanas
donde se acumuló tu vestidura,
tu camisa de fierro,
tu pantalón mojado,
tu cinturón de cuero transparente.
Invierno,
para otros
eres bruma
en los malecones,
clámide clamorosa,
rosa blanca,
corola de la nieve,
para mí, Invierno,
eres
un caballo,
niebla te sube del hocico,
gotas de lluvia caen
de tu cola,
electrizadas ráfagas
son tus crines,
galopas
interminablemente
salpicando de lodo
al transeúnte,
miramos
y has pasado,
no te vemos la cara,

ODE TO WINTER

Winter, there is something
between us,
hills under the rain,
gallops
in the wind,
windows
where your garments piled up,
your iron shirt,
your wet trousers,
your transparent leather belt.
Winter,
for others
you are fog
on the piers,
clamorous chlamys,
white rose,
snow corolla,
for me, Winter,
you are
a horse
with steaming nostrils,
rain dripping
from your tail,
your mane electric
gusts of wind,
you gallop
interminably,
splashing mud
on the passerby,
we gaze
and you've gone by,
we don't see your face

no sabemos
si son de agua de mar
o cordillera
tus ojos, has pasado
como la cabellera
de un relámpago,
no quedó idemne un árbol,
las hojas
se reunieron
en la tierra,
los nidos
quedaron como harapos
en la altura,
mientras tú galopabas
en la luz moribunda del planeta.

Pero eres frío, Invierno,
y tus racimos
de nieve negra y agua
en el tejado
atraviesan
las casas
como agujas,
hieren
como cuchillos oxidados.
Nada
te detiene.
Comienzan
los ataques de tos, salen los niños
con zapatos mojados,
en las camas la fiebre
es como
la vela de un navío
que se quema,

or know
whether your eyes are of
sea water or mountain
range, you've passed
like the flowing hair
of a lightning bolt,
not sparing a tree,
the leaves
heaped together
on the ground,
the nests
left in tatters
up high,
while you galloped
in the planet's dying light.

But you are cold, Winter,
and your clumps
of black snow and water
on the roof
scrape across
the houses
like needles,
wound
like rusty knives.
Nothing
stops you.
Coughing attacks
start, children come out
with shoes sopping wet,
fever rages in the beds
like
the sail of a burning
ship,

la ciudad de los pobres
navegando a la muerte,
la mina
resbalosa,
el combate del viento.

Desde entonces,
Invierno, yo conozco
tu agujereada ropa
y el silbato
de tu bocina entre las araucarias
cuando clamas
y lloras,
racha en la lluvia loca,
trueno desenrollado
o corazón de nieve.

El hombre
se agigantó en la arena,
se cubrió de intemperie,
la sal y el sol vistieron
con seda salpicada
el cuerpo de la nueva nadadora.
Pero
cuando viene el invierno
el hombre
se hace un pequeño ovillo
que camina
con mortuorio paraguas,
se cubre
de alas impermeables,
se humedece
y se ablanda
como una miga, acude

Other Things

the city of the poor,
sailing toward death,
the slippery
mine,
the combat of the wind.

Since then,
Winter, I've known
your clothes riddled with holes
and the whistle
of your siren among the Araucaria pines
when you clamor
and cry,
squall in the maddened rain,
thunder unfurled
or heart of snow.

Man
became gigantic in the sand,
outdoors covered him with fresh air,
salt and sun clad
with scattered strips of silk
the new swimmer's body.
But
when winter comes
man curls himself into a little ball
walking
with a mortuary umbrella,
he covers himself
with waterproof wings,
becomes moist
and bland
like a breadcrumb,

a las iglesias,
o lee tonterías enlutadas.
Mientras tanto,
arriba,
entre los robles,
en la cabeza de los ventisqueros,
en la costa,
tú reinas
con tu espada,
con tu violín helado,
con las plumas que caen
de tu pecho indomable.

Algún día
nos reconoceremos,
cuando
la magnitud
de tu belleza
no caiga
sobre el hombre,
cuando
ya no perfores
el techo
de mi hermano,
cuando
pueda acudir a la más alta
blancura de tu espacio
sin que puedas morderme,
pasaré saludando
tu monarquía desencadenada.
Me sacaré el sombrero
bajo la misma lluvia
de mi infancia
porque estaré seguro

goes to church,
or reads gloomy nonsense.
Meanwhile,
above
among the oaks,
on the snowcapped mountains,
on the coast,
you reign
with your sword,
with your icy violin,
with the feathers that fall
from your invincible chest.

Some day
we'll recognize each other,
when
the magnitude
of your beauty
does not fall
upon man,
when you no longer pierce
my brother's
roof,
when
I can come to the highest
whiteness of your space
without your biting me,
I shall pass greeting
your monarchy unleashed.
I'll take off my hat
under the same rain
of my infancy
because I'll be sure

de tus aguas:
ellas lavan el mundo,
se llevan los papeles,
trituran la pequeña
suciedad de los días,
lavan,
lavan tus aguas
el rostro de la tierra
y bajan hasta el fondo
donde
la primavera
duerme.
Tú la estremeces, hieres
sus piernas transparentes,
la despiertas, la mojas,
comienza a trabajar,
barre las hojas muertas,
reúne su fragante
mercancía,
sube las escaleras
de los árboles
y de pronto la vemos
en la altura
con su nuevo vestido
y sus antiguos ojos
verdes.

of your waters:
they wash the world,
carry away the papers,
pulverize the days'
humble griminess,
they wash,
your waters wash
the face of the earth,
and descend to the depths
where
spring
is asleep.
You shake her, wound
her transparent legs,
awaken and moisten her,
she begins to work,
sweeps the dead leaves,
and gathers her fragrant
merchandise,
climbs the stairs
of the trees
and suddenly we see her
on the heights
with her new dress
and her old green
eyes.

Pablo Neruda

ODA AL HÍGADO

Modesto,
organizado
amigo,
trabajador
profundo,
déjame darte el ala
de mi canto,
el golpe
de aire,
el salto
de mi oda:
ella nace
de tu invisible
máquina,
ella vuela
desde tu infatigable
y encerrado molino,
entraña
delicada
y poderosa,
siempre
viva y oscura.
Mientras
el corazón suena y atrae
la partitura de la mandolina,
allí adentro
tú filtras
y repartes,
separas
y divides,
multiplicas
y engrasas,

ODE TO THE LIVER

Modest,
organized
friend,
hard
worker,
let me give you my winged
song,
the gust
of air,
the lilt
of my ode:
it issued
from your invisible
machine,
takes flight
from your tireless
encircled mill,
delicate
and powerful
organ,
always
alive and dark.
While
the heart beats attracting
the mandolin's partitura,
there deep inside
you filter
and dole,
divide
and separate,
multiply
and grease,

subes
y recoges
los hilos y los gramos
de la vida, los últimos
licores,
las íntimas esencias.

Víscera
submarina,
medidor
de la sangre,
vives
lleno de manos
y de ojos,
midiendo y trasvasando
en tu escondida
cámara
de alquimista.
Amarillo
es tu sistema
de hidrografía roja,
buzo
de la más peligrosa
profundidad del hombre,
allí escondido
siempre,
sempiterno,
en la usina,
silencioso.
Y todo
sentimiento
o estímulo
creció en tu maquinaria,
recibió alguna gota

raise
and gather
the threads and grams
of life, the final
liquors,
the intimate essences.

Submarine
viscera,
measurer
of blood,
you live
full of hands
and eyes,
measuring and decanting
in your hidden
alchemist's
chamber.
Yellow
is your system
of red hydrography,
diver
into man's most
dangerous depths,
hidden there
always,
everlasting,
in the factory,
silent.
And every
sentiment
or stimulus
grew in your machinery,
received at least a drop

de tu elaboración
infatigable,
al amor agregaste
fuego o melancolía,
una pequeña
célula equivocada
o una fibra
gastada en tu trabajo
y el aviador se equivoca de cielo,
el tenor se derrumba en un silbido,
al astrónomo se le pierde un planeta.

Cómo brillan arriba
los hechiceros ojos
de la rosa,
los labios
del clavel
matutino!
Cómo ríe
en el río
la doncella!
Y abajo
el filtro y la balanza,
la delicada química
del hígado,
la bodega
de los cambios sutiles:
nadie
lo ve o lo canta,
pero,
cuando
envejece
o desgasta su mortero,
los ojos de la rosa se acabaron,

of your tireless
elaboration,
to love you added
fire or melancholy,
a tiny
mistaken cell
or a fiber
worn out in your work,
and the aviator errs in the sky,
the tenor caves in with a whistle,
the astronomer loses a planet.

How the spellbound eyes
of the rose
and the lips
of the morning
carnation
shine above!
How the maiden
laughs
in the river!
And down below
the filter and scale,
the delicate chemistry
of the liver,
the cellar
of subtle changes:
nobody
sees or sings its praise,
but,
when its mortar
grows old and worn,
the eyes of the rose become dim,

el clavel marchitó su dentadura
y la doncella no cantó en el río.

Austera parte
o todo
de mí mismo,
abuelo
del corazón,
molino
de energía:
te canto
y temo
como si fueras juez,
metro,
fiel implacable,
y si no puedo
entregarme amarrado a la pureza,
si el excesivo
manjar
o el vino hereditario de mi patria
pretendieron
perturbar mi salud
o el equilibrio de mi poesía,
de ti,
monacura oscuro,
distribuidor de mieles y venenos,
regulador de sales,
de ti espero justica:
Amo la vida: ¡Cúmpleme! ¡Trabaja!
No detengas mi canto.

the carnation's teeth fade away,
the maid sings no more at the river.

Austere part
or all
of myself,
the heart's
grandfather,
energy
mill,
I sing your praise
and fear you
as if you were judge,
meter,
implacably faithful,
and if I cannot
surrender bound to purity,
if excessive
rich food
or my country's hereditary wine
try
to disturb my health
or the equilibrium of my poetry,
from you,
dark monarch,
distributor of honeys and venoms,
controller of salts,
from you I seek justice:
I love life: keep your promise! Work on!
Don't halt my song.

Pablo Neruda

ODA AL COLOR VERDE

Cuando la tierra
fue
calva y callada,
silencio y cicatrices,
extensiones
de lava seca
y piedra congelada,
apareció
el verde,
el color verde,
trébol,
acacia,
río
de agua verde.

Se derramó el cristal
inesperado
y crecieron
y se multiplicaron
los numerosos
verdes:
verdes de pasto y ojos,
verdes de amor marino,
verdes
de campanario,
verdes
delgados, para
la red, para las algas, para el cielo,
para la selva
el verde tembloroso,
para las uvas
un ácido verde.

ODE TO THE COLOR GREEN

When the earth
was
bald and still,
silence and scars,
expanse
of dry lava
and frozen rock,
green
appeared,
the color green,
clover,
acacia,
river
of green water.

The unexpected crystal
overflowed,
and numerous
greens
grew
and multiplied:
green of grass and eyes,
greens of marine love,
church bell tower
greens,
gossamer
greens, for
the net, the seaweed and sky,
for the forest
a tremulous green,
for grapes
an acid green.

Vestido
de la tierra,
población del follaje,
no sólo
uno
sino
la multiplicación
del ancho verde,
ennegrecido como
noche verde,
claro y agudo
como
violín verde,
espeso en la espesura,
metálico, sulfúrico
en la mina
de cobre, venenoso
en las lanzas
oxidadas,
húmedo en el abrazo
de la ciénaga,
virtud de la hermosura.

Ventana de la luna en movimiento,
cárdenos, muertos verdes
que enrojecen
a la luz del otoño
en el puñal del eucaliptus, frío
como piel de pescado,
enfermedades verdes,
neones saturnianos
que te afligen
con agobiante luz,
verde volante

Dressed
in earth,
a foliage population,
not just
one
but
the multiplication
of a widespread green,
blackened like
night green,
clear and sharp
as a
green violin,
thick in the thickness,
metallic, sulfuric
in the copper
mine, poisonous
in the rusty
lances,
humid in the swamp's
embrace,
virtue of beauty.

Window of the moon in movement,
cardinal red, dead greens
turning reddish
in the autumn light,
in the eucalyptus dagger, cold
as a fish skin,
green ailments,
Saturnalian neons
afflicting you
with oppressive light,
the darting green

de la nupcial luciérnaga,
y tierno
verde
suave
de la lechuga cuando
recibe sol en gotas
de los castos limones
exprimidos
por una mano verde.

El verde
que no tuve,
no tengo
ni tendría,
el fulgor submarino y subterráneo,
la luz
de la esmeralda,
águila verde entre las piedras, ojo
de abismo, mariposa helada,
estrella que no pudo
encontrar cielo
y enterró
su ola verde
en
la más honda
cámara terrestre,
y allí
como rosario
del infierno,
fuego del mar o corazón de tigre
espléndida dormiste, piedra verde,
uña de las montañas,
río fatuo,
estatua hostil, endurecido verde.

of the nuptial firefly,
and tender
smooth
green
of lettuce
receiving drops of sun
from chaste lemons
squeezed
by a green hand.

The green
I didn't have,
don't have,
wouldn't have,
the submarine and subterranean brilliance,
the light
of the emerald,
green eagle among the stones, abysmal
eye, ice cold butterfly,
star which could not
find the sky
and buried
its green wave
in
the deepest
earthly chamber,
and there
like a rosary
from hell,
sea fire or tiger heart,
splendidly you slept, green stone,
mountain fingernail,
fatuous river,
hostile statue, hardhearted green.

ODA AL CALDILLO DE CONGRIO

En el mar
tormentoso
de Chile
vive el rosado congrio,
gigante anguila
de nevada carne.
Y en las ollas
chilenas,
en la costa,
nació el caldillo
grávido y suculento,
provechoso.
Lleven a la cocina
el congrio desollado,
su piel manchada cede
como un guante
y al descubierto queda
entonces
el racimo del mar,
el congrio tierno
reluce
ya desnudo,
preparado
para nuestro apetito.
Ahora
recoges
ajos,
acaricia primero
ese marfil
precioso,
huele
su fragancia iracunda,

ODE TO CONGER FISH STEW

In the stormy
seas
of Chile
lives the rose colored conger,
giant eel
of snow-white flesh.
And in Chilean
stewpots
along the coast,
was born this thick
and succulent,
enjoyable stew.
Take the flayed
conger to the kitchen,
its spotted skin
peels off like a glove,
revealing
then
the sea fruit cluster,
the tender fish
all naked
gleams,
ready
to whet our appetite.
Now
you take
garlic cloves,
first caress
their precious
ivory,
smell their incensed odor,

entonces
deja el ajo picado
caer con la cebolla
y el tomate
hasta que la cebolla
tenga color de oro.
Mientras tanto
se cuecen
con el vapor
los regios
camarones marinos
y cuando ya llegaron
a su punto,
cuando cuajó el sabor
en una salsa
formada por el jugo
del océano
y por el agua clara
que desprendió la luz de la cebolla,
entonces
que entre el congrio
y se sumerja en gloria,
que en la olla
se aceite,
se contraiga y se impregne.
Ya sólo es necesario
dejar en el manjar
caer la crema
como una rosa espesa,
y al fuego
lentamente
entregar el tesoro
hasta que en el caldillo
se calienten

then
let the chopped up garlic
blend with onion
and tomato
until the onion
turns to gold.
Meanwhile
steam
the splendid
ocean shrimp,
and when
they have reached
their cooking point,
when the flavor
jells in a sauce
formed by the juices
of the ocean
and the clear water
from the glistening onion,
then
the conger eel goes in,
let it submerge in glory,
steeped in the oils
of the stewpot,
contracting and absorbing them.
Now one only needs
to pour the cream,
like a thick rose,
into this delicous dish,
then slowly
deliver the treasure
to the fire,
until the essences

las esencias de Chile,
y a la mesa
lleguen recién casados
los sabores
del mar y de la tierra
para que en ese plato
tú conozcas el cielo.

Other Things

of Chile heat up
in the stew
and come to the table
newly wed
flavors of land and sea,
so in this dish
you may know heaven.

ODA CON NOSTALGIAS DE CHILE

En tierras argentinas
vivo y muero
penando por mi patria,
escogiendo
de día lo que a Chile me recuerda,
de noche las estrellas
que arden al otro lado de la nieve.

Andando las llanuras,
extraviado en la palma del espacio,
descifrando las hierbas
de la pampa, verbenas,
matorrales, espinas,
me parece que el cielo los aplasta:
el cielo, única flor de la pradera.

Grande es el aire vivo, la intemperie
total y parecemos
desnudos, solos en el infinito
y oloroso silencio.
Plana es la tierra como
tirante cuero de tambor: galopes,
hombre, historia,
desaparecen en la lejanía.

A mí, dadme los verdes
laberintos,
las esbeltas
vertientes
de los Andes, bajo los parrones,
amada, tu cintura
de guitarra!

ODE WITH NOSTALGIA TO CHILE

In Argentine territory
I live and die
grieving for my country,
choosing
by day what makes me recall Chile,
at night the stars
aflame on the other side of the snow.

Wandering over the plains,
astray in the palm of space,
deciphering the pampa's
grasses, verbena,
thickets and thorns,
I think the sky flattens them:
the sky, only flower in the meadow.

The air is vast and intense, the outdoors
immense, and we seem
naked, alone in the infinite
and fragrant silence.
The earth is level like
a taut drum skin: galloping,
man, history,
all disappear in the distance.

Give me the green
labyrinths,
the erect
Andean
springs, under the grape arbors,
beloved, your guitar-shaped
waist!

A mí dadme las olas
que sacuden
el cuerpo cristalino
de mi patria,
dejadme al Este ver cómo se eleva
la majestad del mundo
en un collar altivo de volcanes
y a mis pies sólo el sello
de la espuma,
nieve del mar, eterna platería!

Americano
soy
y se parece
a la pampa extendida
mi corazón, lo cruzan
los caminos
y me gusta
que en él enciendan fuego
y vuelen y galopen
pájaros y viajeros.

Pero mi cuerpo, Patria,
reclama tu substancia:
metálicas montañas desde donde
el habitante baja, enamorado,
entre vegetaciones minerales
hacia el susurro de los valles verdes.

Amor de mis amores,
tierra pura,
cuando vuelva
me amarraré a tu proa
de embarcación terrestre,

Other Things

Give me the waves
beating against
the crystalline body
of my country,
let me see rising in the East
the majesty of the world
in an arrogant string of volcanoes,
and at my feet just the stamp
of the foam,
marine snow, eternal silversmithery!

American
I am,
and my heart
resembles the great expanse
of pampa, with roads
running across it,
and I like
fires lit on it,
and for birds to fly
and travelers gallop there.

But my body, Country,
calls for your substance:
metallic mountains from which
the dweller, in love, descends
among mineral vegetation
to the murmur of green valleys.

Love of my loves,
pure country,
when I return
I'll tie myself to your prow
of earthly boat,

y así navegaremos
confundidos
hasta que tú me cubras
y yo pueda, contigo, eternamente,
ser vino que regresa en cada otoño,
piedra de tus alturas,
ola de tu marino movimiento!

Other Things

and so we'll sail
jumbled together
until you cover me
and I can forever with you
be wine returning each autumn,
stone of your heights,
wave of your rolling sea!

EPILOGUE

Pablo Neruda

DEBERES DE MAÑANA

Odas sin fin, mañana
y ayer (hoy es temprano)
nacen, nacieron, nacerán, sirviendo
la sed del caminante y del camino,
y caerán como la lluvia cae,
como el otoño cae
derramando
la claridad del riego
o un resumen errante y amarillo.

Todo a la luz serena de la noche,
la sombra del día,
todo el viento que actúa
en la vacilación de las espigas,
todo el agua, en su idioma,
a la que dice tantas cosas claras
y al agua de la hondura,
agua secreta que no canta.

A todo sol, a toda luna vengo,
a todo perro, pájaro, navío,
a todo mueble, a todo ser humano.

Quién es? Ya voy! Espera!

Espera, rosa clara,
espera, trigo verde,
mineral de la tierra, espera,
nos queda tiempo para ser campana.
A toda rueda digo,
espera, rueda, espera:
ya voy, ya vengo, un solo

TOMORROW'S DUTIES

Endless odes, tomorrow
and yesterday (today is early)
are born, were, and will be born, quenching
the thirst of traveler and of road,
they'll fall like rain falls,
like autumn falls,
spilling
the clarity of the water,
or a rambling, yellow summary.

All to the serene light of night,
to the shadow of day,
all the wind that ripples through
the wavering spikes of grain,
all the water, in its language,
the one saying so many clear things,
and the underground water,
secret water that doesn't sing.

In full sun, in full moon, I come,
to each dog, bird and ship,
to each piece of furniture, each human being.

Who's there? I'm coming! Wait!

Wait, clear rose,
wait, green wheat,
mineral of the earth, wait,
we have time left to be a bell.
To every wheel I say,
wait, wheel, wait:
I'm coming now, I'm on my way, just

minuto
y rodaremos.

Sí, rueda, rodaremos,
insecto, insectaremos,
sí, fuego, fuegaremos,
sí, corazón,
lo sé,
lo sé,
y se sabe:
es a vida, es a muerte
este destino.

Cantando moriremos.

one minute
and we'll be rolling.

Yes, wheel, we'll roll,
insect, we'll crawl like insects,
yes, fire, we'll blaze,
Yes, heart,
I know,
I know,
and we all know:
this destiny
is for life, for death.

Singing we will die.